네가 던진 돌은 네가 꺼내라

오직 참다운 사람에게 진실은 늦지 않는다.
-늙고 죽음의 경-

책 내는 마음

도서출판 이자리는
언제나 맑고 깨끗한 마음의 소리를 담아냅니다.

네가 던진 돌은 네가 꺼내라

1쇄 인쇄	2011년 10월 15일
1쇄 발행	2011년 10월 20일

지은이	기후
엮은이	오시환(서암)
펴낸이	김주희
펴낸곳	도서출판 이자리

책임편집	맹한승
삽화	양홍수
꾸민이	김재모

출판등록	2011년 9월 14일 제 2011-000063호
주소	서울특별시 성동구 응봉동 동아그린A 304동 1302호
전화	02-2281-3395 / 010-2470-2327
이메일	ohsihwan@naver.com
홈페이지	www.e-jari.com

ISBN	978-89-967432-0-0

이 책의 전부 또는 일부를 이용하려면 반드시 저작권자와
도서출판 이자리의 서면 동의를 받아야만 합니다.
잘못된 책은 바꾸어 드립니다.
책값은 뒤표지에 있습니다.

네가 던진 돌은 네가 꺼내라

기 후 지음

 책머리에

자연을 벗삼아 소중한 꿈속의 인연을 엮으며

　　새소리와 물소리만이 가득한 산중에 홀로 살다보니 마당에 추적추적 내리는 가을 빗소리에도 참으로 묘한 감상에 젖어들 때가 있다. 그것들은 오랫동안 잠들어 있던 나의 지난 세월을 슬며시 흔들어 깨우더니 흘러간 도반들의 영혼들까지 깨워버렸다. 나는 그만 퇴행적 감정들을 이겨내지 못하고 빛바랜 사진첩에 손을 대게 되었고, 그것이 화근이 되어 사진들에 주섬주섬 글을 달게 되었다. 뒤늦게 안 일이지만 서울에 사는 초윤이 "꿈속의 인연들"이라는 카페를 만들었다고 해서 글과 사진을 그쪽으로 보내게 되었는데 그 내용을 엿본 서암이 그것을 모아 책으로 만들겠다고 하였다.

　　어느덧 귀밑에 내려앉는 서리가 보기 싫어서 삭발을 자주 하게 되고 아래위가 온전치 못한 틀니라 한 시간 동안이나 공양을 하는 처지가 되고 보니 부끄러운 줄도 모르고 그만 책을 내는데 동의하게 되어 결국 또 하나의 서해 書害로 누를 끼치게 되었다. 학인 시절 노스님들의 마땅찮은 언행을 보면 뒤돌아서서 혼자 구시렁거리곤 하였는데 이제 내가 그런 대상에 포함되고 말

앉으니 어쨌거나 인생은 오래 살아보면서 말을 해야 될 듯하다. 책의 내용이 거의 사진에 의지한 관계로 본의 아니게 얼굴이 실린 스님이나 또 글 내용에 직·간접으로 거명된 분들께 양해를 구한다. 그런 모든 허물들이 본인이 일으킨 일념 무지의 소치이고 보니 그저 송구스럽고 부끄러운 마음이 앞선다.

　언제나 바쁜 가운데서도 구마동 깊은 골짜기까지 수차례 왕복하여 깔끔하게 책을 마무리하여 준 서암 오시환거사, 멋진 그림을 그려주어 부실한 책 내용을 돋보이게 하여 준 양홍수 화백, 출판사 첫 출간으로 기꺼이 내 책을 선정하여 준 '도서출판 이자리'의 김주희 대표, 그리고 자칫하면 잃어버릴 뻔했던 지난날의 내 글들을 몰래 내려받아 보관하고 있다가 이번에 불쑥 내어 주어 큰 보탬이 되게 해준 서울의 초윤과 진주의 보련화, 그 밖의 꿈속의 인연들께 따스한 인간적 정의를 느끼며 고마운 마음을 전한다.

2011년 가을 밤에
구마동계곡에서 무구자 기후

꿈속의 인연들 카페로 초대합니다.
cafe.naver.com/karmadream

책머리에 _ 004

1
천년의 소리 무풍한송

땅을 짚고 일어나라 _ 015

천년의 소리 무풍한송舞風寒松 _ 021

빛으로 이어지는 그 빛 _ 026

노스님과 오수午睡 _ 031

나무의 마음을 보다 _ 036

풀섶에 앉은 운수객들이여! _ 042

수도암修道庵의 이름값 _ 047

삼함三緘의 뜻을 새기며 _ 057

인연은 삼만리 _ 063

행자의 신분으로 _ 069

2
달을 닮은 납자들

한번으로 끝내라 _ 079

이 집 고구마를 누가 먹었는고? _ 087

차를 마시다 열반에 들다 _ 093

달을 닮은 납자들 _ 099

독초의 위력 _ 105

옻으로 고생하다 _ 111

반고굴에서의 김밥 _ 116

자장동천慈藏洞天의 여름 _ 122

팬티 입고 널리리 _ 127

걸망 속의 해골바가지 _ 133

만담가 장소팔 형님 _ 139

3
극락에 살다

극락에 살다 _ 149

밀어라, 밀어라 이놈! _ 155

너그 짓 아이가? _ 163

도성암의 등짐 _ 169

오대산의 학鶴, 한암스님 _ 175

탄허스님과 지월스님 _ 180

가야산의 호랑이, 성철스님 _ 186

4
구름이 되다

출발선 위에 서다 _ 193

그 이름 행자行者 _ 199

절이면 어디든 좋다 _ 204

이곳을 떠납니다 _ 209

사집四集을 끝내다 _ 215

훤출 반야, 깐깐 기신 _ 221

구룡신지九龍神池 옆에서 _ 227

졸업장을 들고서 _ 233

잊지 못할 첫 안거安居 _ 240

자유선원 봉암사 _ 249

원칙에서의 일탈 _ 253

5
묵언

나의 내면이 성숙되다 _ 261

무욕의 유혹 _ 267

메뚜기의 한철 _ 275

행복의 시작 _ 280

6년의 묵언회향 _ 284

어머니, 어머니 _ 289

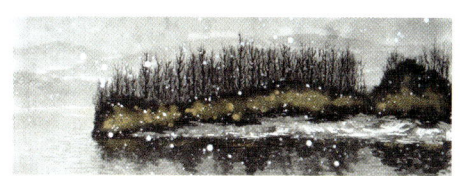

하늘로 막힌 구마동 계곡에서 기후스님과 만나다. _ 293
- 대담 오시환(서암)

"당신은 어떻게 거센 흐름을 건너셨습니까?"

"머무르지도 않고 애쓰지도 않느니라."

- 쌍윳다니까야 -

천년의 소리 무풍한송

땅에서 넘어진 자, 땅을 짚고 일어나라!
- 도천 -

땅을 짚고 일어나라

 낙엽이 뿌리로 돌아가는 초겨울, 보광전 선원 전 대중이 영축산에 올랐다. 단풍 빛에 들떴던 뜨거운 심장들이 차분하게 그 기운을 가라앉히는 동안거 중이었다. 온 천지의 나무들이 거추장스러운 낙엽들을 버리듯, 부질없는 생각들을 버리고 오르는 영축산 등반길은 언제나 상쾌함 그 자체였다. 산은 우리들에게서 생명 본연의 움직임을 이끌어내, 항상 더 높은 곳을 향하여 오르도록 요구한다. 그러면서도 산 스스로는 늘 부동不動이며, 높음을 자랑하지 않으며, 어머니의 품 안처럼 우리들에게 언제나 새로운 생기를 불어넣어준다. 누구라도 산에 오르면 기분이 좋아지는 까닭이다. 그래서 선대의 고승들은 일찍이 명산 품 안에 대찰과 암자를 세워 고된 중생이 영원히 쉴 수 있는 피안으로 인도하려 했던 것이다. 그처럼 커다란 원력을 세웠던 선대의 선지식들을 향한 고마움이 절밥을 먹으면 먹을수록 크게 쑥쑥 자라게 된다. 하루 10시간, 큰 방에 앉아 벽만 쳐다보고 있던 사람들의 산행은 그래서 더더욱 즐겁기만 하다. 게다가 뜻을 함께해서 의기가 서로 투합하면 그 기운은 두 배로 커진다.

지금도 가끔 도반들과 산에라도 오를라치면 그때 영축산에 올랐던 수행 도반들이 어제 일 마냥 선명하게 떠오른다. 내 기억 속 도반들의 면면 중 가장 크게 떠오르는 인물은 법명이 무상無常인 노스님의 얼굴이다. 무상스님은 오십이 넘어 출가했다. 머리 뒷꼭지가 주먹만큼 튀어나온 그분이 싱글벙글 웃을 때면 영락없는 나반존자로 변해 개구쟁이처럼 보이는 재미있는 스님이었다. 승려들이 정진하다 잠시 쉬기 위해 지대방에 모이면 그곳은 천국이나 진배없다. 누가 언제 갖다 두었는지 강냉이튀밥 같은 먹을거리가 너부러져 있고, 「선데이서울」 같은 시정 잡지조차 구겨진 채로 돌아다니는 곳이기도 했다. 그중에서도 제일 재미있는 것은 그 노스님의 얘기를 듣는 것이었다. 입을 토끼처럼 오물거리면서 싱글벙글 웃으면서 하는 자신의 과거 행적은 끊임없이 샘솟는 이야기의 옹달샘이었다. 그분은 단연코 지대방 짱이었다.

스님은 젊었을 때 일본에 살면서 조그마한 회사를 경영했는데 무리하게 일한 나머지 그만 결핵에 걸렸다고 했다. 좋다는 약은 다 먹었지만 차도가 별로 없었다. 그러다가 어느 날 회사에 불까지 나고 말았다. 한 순간에 전

사진 맨 앞 오른쪽에 앉은 무상無常 스님. 오십이 넘어 출가한 이 스님은 뒷꼭지가 주먹만큼 튀어나와 싱글벙글 웃을 때는 영락없는 나반존자 모습으로 개구쟁이처럼 보이는 재미있는 스님이었다.

재산을 잿더미 속에 묻은 그는 거지가 되다시피 하여 모든 것을 포기하고 떠돌아다녔단다. 좋고 나쁜 것을 가릴 틈도 없이 죽음을 내어놓고 쏘다니길 3년여. 그만 결핵이 씻은 듯이 낫게 되었다. 그 순간 그분은 크게 깨달았다고 했다.

"일체가 마음이야, 마음을 고쳐먹으니 병이 고쳐졌어!"

좋다는 약이란 약은 다 찾아 먹었지만 아무리 해도 낫지 않던 고약한 병

이 그냥 잊어버리고 닥치는 대로 먹고 지내면서 마음 편하게 1,000여 일을 살았더니 씻은 듯이 병이 나았다는 이 역설의 진리! 그는 자신의 병을 낫게 하기 위해서 불이 났다고 생각하고, 돈과 명예의 수렁을 빠져나와 수행의 길을 택했다. 이렇듯 누구나 일생을 살다보면 행복과 불행의 분기점이 있게 마련이다. 그러나 아무리 어려운 때를 당해도 나락의 길로 떨어지지 않고 어려움을 활용해서 더 멋진 삶을 가꾸는 사람들도 많다. 그런 상황을 두고 금강경오가해金剛經五家解를 지은 도천冶父道川|송나라 때의 선승| 스님은 이렇게 표현했다.

"땅에서 넘어진 자, 땅을 짚고 일어나라!"

나약하고 지혜가 없으면 넘어진 자리에서 다시 일어서지 못한다. 하지만 강단 있고 용기 있는 이는 고통을 딛고 당당하게 일어선다. 그러므로 미래에 불행이 닥칠까 지레 겁을 먹고 소극적으로 살기보다는, 굳은 신념과 큰 희망을 가지고 적극적으로 살아가는 지혜가 필요한 것이다.

수계식 때 은사가 지어주는 법명을 사양하고 자신이 크게 느낀 무상의 이치를 그대로 자신의 이름으로 쓰기로 한 고집쟁이 노스님. 법명에 묻어 있는 스님의 지나온 역경이 도리어 좋은 법의 인연이 되어 걸망 속에 그 뜻을 집어넣고 언제나 웃으면서 만족하며 살아가는 노스님의 일상이 어찌 작은 회사를 운영하며 나날이 수입과 지출을 따지며 신경 쓰던 작은 살림에 비견하리요. 무상無常이란 이름의 무상한 스님은 무상이라는 진리의 뗏목을 타고 무상의 나라로 가서, 무상의 이치 그대로 영원의 노래를 부르고 있을 것이다.

청정하여 걸림이 없으니 내 삶은 이미 평안을 얻었네
– 법구경 –

무풍한송이 들려주는 천년의 소리에 귀 기울이며
통도 사문들은 이 길을 걷고 또 걷는다

천년의 소리 무풍한송 舞風寒松

통도사 입구의 보행로는 1,400여 년의 역사를 이고 살아온 길이다. 그동안 이 길을 스쳐간 뭇 승려들의 숫자는 얼마이며, 신도들의 오고감 또한 얼마나 많을까? 이 길을 거쳐서 적요寂寥의 세계로 돌아간 고인故人들은 또 얼마나 될까? 그들을 말없이 안고, 품고 있었던 이 길 역시 예나 지금이나 사람들의 왕래를 묵연하게 도와주며 수많은 사연을 간직한 채 외길로 나 있다.

길고 긴 역사의 흐름을 의연하게 지켜 본 것은 이 길 뿐만이 아니다. 이 길에는 천년 노송들이 즐비하게 늘어서서 길을 오가던 사람들의 모습을 수천 년 동안 굽어보고 있다. 바로 통도팔경의 하나인 무풍한송舞風寒松이다. 한 올의 바람이 수천, 수만 년 동안 불어 구부정하게 살아남은 노송들의 푸른

내 곁(사진 오른쪽)에서 함께 걸어가는 덕수스님. 미국 라스베가스 근처에서 수행하다가 지금은 봉선사 선원하서 조용히 보임(保任)을 수행하고 있다.

잎들, 늘어져 흔들흔들 춤을 추는 소나무 가지들, 그리고 그 숲이 펼치는 장관을 무풍한송이라고 부른다. 나는 이 길을 오갔을 사람들의 그림자를 밟으며 무풍한송이 만들어내는 시간의 소리를 엿들으며 소나무 숲의 생기를 흡입하려는 듯 천천히 바람의 흐름을 따라간다. 억겁 동안 흘러간 생명들을 하나의 길에 쓸어 담아 보려는 길 위의 통도 사문들. 그들은 매일 무풍한송이 들려주는 천년의 소리에 귀를 기울이면서 그 길을 걷고 또 걷는다. 그들을 도반이라고 일컫는다. 같이 걷던 스님 중 유난히 이 길을 걷길 좋아했던 스님이 덕수스님이다. 얼마 전까지만 해도 미국 라스베가스 근처에서 수행하던 선승인데 그 역시 나처럼 세월의 중압감을 이기지 못하고 나이 들어 지금은 봉선사 선원에서 조용하게 보임(保任│깨달음 이후의 닦음)을 수행하고 있다.

무풍한송의 솔바람과 간단(間斷) 없이 흐르는 계곡물 소리는 세속살이에 힘들어하는 많은 사람들에게 말할 수 없는 청량감을 불어넣어준다. 이 길을 걷는 사람들의 대부분은 묵묵히 길을 걷지만, 사문은 이 길에서 이근원통(利根圓通│능엄경에서 진하는 25가지의 수행방법. 소리에 집중하고 소리를 듣는 실체에 집중한)의 수행을 절로 하게 된다. 사람들은 귓전을 스치며 지나가는 바람소리에서, 끝없이 흐르는 계곡물 소리에서, 자연이 내뿜는 부드러운 숨소리에서 생명의 실체를 음미한다. 자연의 소리들을 가슴에 담고서, 끝없이 끓어오르는 심장의 열뇌(熱惱│몹시 심한 마음의 괴로움)를 식히고, 그것들이 드리운 그림자를 밟고 통도사 적멸보궁(寂滅寶宮│부처님의 진신사리를 모신 통도사의 주전)으로 향한다. 그곳에 가서 부처님께 일심으로 합장하고 기도를 드리고 점심공양 후 따끈한 차 한 잔을 마시고 다시 무풍한송의 길을 되밟고 신평으로 향하는 노인들의 얼굴은 맑고 편안하며, 발걸음은 훨씬 가벼워 보인다. 무풍한송이 좋아서 아예 신평으로 이사를 온 이들도 제법 있다.

나도 이 길이 좋아서 취운암에 있을 때는 자주 오르내렸다. 60년대에는 이곳을 관광용 마차가 점령했다. 신평에서 통도사 정류소까지 꼬마들과 노인들을 덜커덩거리며 실어 나르던 한 필의 마차가 추억을 남겼고, 80년대에는 또 하나의 길이 더 생겨서 이 길은 보행 전용도로가 되었다. 한동안은 수많은 연인들이 손에 손을 맞잡고 오가는 사랑의 길로 환영받고 있더니, 2000년 이후에는 새롭게 잘 단장하여 기도하러 다니는 청신사, 청신녀들에게 신심의 뿌리를 내리게 하는 신행의 길로 점차 변모하고 있다. 이제는 일제 식민지 시절에 세웠던 일본식 석등까지 걷어내고 순수 한국식으로 바꾸고 있는 무풍한송의 그 길이다. 언제나 솔바람이 춤을 추며 무진법문을 설하고 있는 그곳은 뭇 중생의 마음의 고향으로 언제나 한결같을 것이다.

빛으로 이어지는 그 빛

처음 행자실에 들어가면 선배스님들이 하는 말 가운데 첫 번째가 절에서 오래 잘 살려면 '자기라고 하는 마음'을 일주문柱門 밖 나뭇가지에 걸어두고 오라고 했다. 그러나 나는 이미 삼 년을 행자로 지낸 경험이 있다 보니 남들보다 절집 돌아가는 내용을 조금은 더 안다는 핑계로 되지도 않은 교만심을 안고 다녔다. 그래서 월하月下스님[1916~2003]을 스승으로 모시겠다고 자청했다가 일 년이나 수계受戒가 늦어졌다. 지금은 헐리고 없는 보광전 앞에서 두루마기까지 차려입고 사진까지 찍은 걸 보면 아마도 그때의 기억이 못 견디게 사무쳤나 보다. 이곳 보광전은 흔들리던 내 마음을 안정시켜 준 곳이기도 하고, 허둥지둥 나부대며 쏘다니던 나의 발걸음을 멈추게 한 곳이기도 하다. 행자란 딱지를 떼고 가사, 장삼을 수受한 곳이며, 여러 어른스님들의 공양을 따끈하게 지어드렸던 뜻 깊은 장소이기도 했다.

보광전의 '보광寶光'은 화엄경에서 빌려온 말이다. '넓고도 넓어 영원永遠으로 이어지는 그 빛', 이 빛을 고대 인도인들은 '바이로차나vairocana'라고 했으며, 중국인들은 '비로자나毘盧遮那'라고 소리번역하고, 뜻으로 '보광'이라 했다. 불가佛家에서는 진리를 '세 가지 몸'으로 상징하고 있는데 그것을 '법신法身', '보신報身', '화신化身'이라 부른다. 그 중에서도 가장 주체적인 몸을 가장 아름답고 장엄한 빛으로 상징하여 표현하고 있는데 그것이 바로 '비로자나'이며 '보광'이다. 그곳은 밝음으로 가득 차 있기에 고통의 그림자조차 존재할 수 없는 곳이다. 이처럼 참 진리의 세계를 그대로 그려낸 경전이 화엄경이어서, 경전 중의 경전이며 꽃 중의 꽃이라고 칭송받는다. 경전에서는 부처님께서 진리를 체득한 후 화엄경을 일곱 곳에서 아홉 번 설했다고 전하고 있으며, 그 중에서 '보광명전'에서 두 차례 법회가 열렸다고 그려진다. 보광은 진리의 중심이며 본바탕이다. 그곳은 이론이나 관념으로는 닿을 수 없는 곳이어서 스스로 자각하고 체득해야만 느끼고 소유할 수 있는

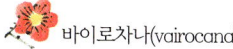
바이로차나(vairocana)

부처님의 육신이 아닌, 진리의 모습을 상징한다.
보통 법신불法身佛로 불린다. 이 부처님의 몸을 몸이라고 부르지만 실제는 몸이 아니며 사람들의 육안으로는 볼 수 없는 광명의 부처님이다.
그러나 갖가지의 몸이 이것을 근거로 나오게 되는 원천적인 몸이다. 경전 상으로 볼 때 비로자나 불은 화엄경華嚴經의 교주이다. 미혹한 사람의 눈에는 보이지 않지만 맑은 믿음으로 의심하지 않으면 어디에서든지 비로자나 부처님을 만날 수 있다고 한다.
비로자나 부처님이 계신 전각을 대적광전大寂光殿 또는 대광명전大光明殿이라고 한다.

하나로 되어 있는 생명의 근본을 직접 느끼고 체득하며 살아가게 되는 세계, 그 세계를 위해 나는 보광전 앞에 섰다.

순백색의 세계다.

경험은 현실에서도 소중한 삶의 자산이며, 자신의 인격을 도야陶冶해 들어가는 의미 있는 관문이다. 자격증 하나만으로 취직되던 시절은 가고, 자격과 경험을 고루 갖추어야만 좋은 일자리를 얻게 될 정도로 사회도 변했다. 직장을 구하는 일자리의 선택도 경험과 경력이 중요한데 누겁累劫동안 이어진 윤회의 사슬을 끊어내고, 진리의 세계에서 영원히 살고자 하는 수행자 세계에서는 수행의 체험은 무엇보다도 커다란 자산이 아닐 수 없다. 그곳에서는 그 어떤 담론이나 관념도 무용지물이다. 세상에서 가장 뛰어난 담론이나 이론으로 무장해도 영원으로 이어지는 순백색의 세계에는 한 발짝도 진입할 수 없는 보잘 것 없는 것이 된다. 보광전은 이처럼 순백색 무분별의 상징적 불상, 즉 비로자나 부처님을 모신 곳이다. 비로자나 부처님은 두 손을 모아 아래위로 얹은 모양새를 취하고 있는데 이것을 지권인智拳印이라고 부른다. 오른손은 부처의 세계를 뜻하고 왼손은 중생계를 뜻하는데, 그 둘이 하나로 합쳐져 차별이 없어진 세계를 그렇게 상징적으로 그려낸 것이다.

지권인(智拳印)

비로자나 불상은 보통 지권인智拳印을 하고 결가부좌한 자세로 앉아 있다.
고려 말기부터 보이기 시작한 지권인은 엄지손가락을 손바닥에 넣고 네 손가락으로 감싸안은 후 왼손을 오른손으로 감싼 모습의 손모양을 하고 있다. 비로자나 불상 뒤에는 비로자나 후불탱화가 봉안되는데, 이곳에는 보통 화엄경의 설법 장면이 많이 묘사된다.

스스로의 지나온 그림자를 더듬어보는 노스님의 마지막 행장은
자신을 다독거린 천진도인의 진면목 그 자체였다

노스님과 오수午睡

천년가람의 한적한 뒷켠. 그곳에 따스한 햇볕이 내려쬐었다. 점심공양을 막 끝낸 일암 노스님이 자신의 방 기둥에 기대어 단잠에 빠졌다. 어린아이처럼 포근하게 잠이 든 스님의 모습이 그지없이 평화롭다. 73년 가을이다. 그 당시에 나는 승가대 강사를 하면서 스님의 옆방에서 기거하고 있었다. 무심도인의 스님은 천진하고 평등한 마음을 누구에게라도 내어 보이고 사는 분이라 승속 간에 모두 스님 옆에 가길 좋아했다. 스님은 조석으로 언제나 낭랑한 음성으로 금강경을 독송했고, 날이 밝으면 무엇이든지 만들어서 여럿에게 고루 나누어주었다. 특히 봄이 오면 100가지 풀을 뜯어서 그것을 푹 고아 백초탕百草湯을 만들어 방방에 돌렸다. 그러고도 남으면 스님 방 앞을 오가는 사람들에게 나누어주곤 하셨다.

어느 날 오후였다. 내 방으로 맛있는 공양 거리가 들어와서 그것을 들고 노스님 방에 들렀더니 스님이 맛있게 들고 나서 잔잔한 미소를 지으면서 이야기 한 자루를 꺼냈다.

"요즈음 말이야, 가만히 생각해보니 내가 바보였어. 글쎄 내가 청년시절 금봉암이라는 곳에서 혼자 기도를 하고 있는데 저녁에 어떤 젊은 보살이 곱게 차려입고 콩나물과 두부, 쌀 두어 되를 이고 그 높은 곳에 생남불공生男佛供을 하러 왔지 뭐야. 그땐 차가 없어서 멀리서 걸어오다 보니 주로 저녁나절에 도착해서 자고, 그 이튿날 새벽 예불이 끝나고 맑은 정신으로 불공을 드렸거든. 그런데 그 보살이 내 방에 자야 될 형편이 된 거라. 나는 아랫목에 그이는 윗목에 이불을 펴 주었는데 자다가 말고 추워서 잠이 안 온다는 거야. 그래서 내가 촛불을 켜놓고 헌 이불을 찾아서 하나 더 덮어주었어. 그런데 그 보살이 글쎄 그래도 춥다면서 바스락거리며 나한테 자꾸 말을 걸지 뭐야. 그날따라 나는 나무를 두어짐 해서 무척 고단해서 그이 말을 들으면서 그만 잠이 들어버렸지. 기후스님, 그러니 내가 바보 아니요, 바보. 하하하하"

그렇게 산중에서 일생을 보내신 일암스님이 연세가 들면서 시력 장애가

점심공양을 막 끝낸 일암 노스님이 방 기둥에 기대어 오후의 단잠에 푹 빠졌다. 어린아이처럼 포근하게 잠에 빠진 스님의 모습이 그지없이 평화롭다.

생겨서 조석 예불 시 도량 안에 세워져 있던 전봇대에 이마를 들이받곤 "누구요?"라고 하였고, 관절이 좋지 않아 마루에 오르내리기가 거북해서 서까래에 긴 줄을 달아놓고 그걸 붙잡고 조심 또 조심하면서 오르내려야 했다. 젊을 때엔 참선하다 알음알이가 생겨 배우지도 않았던 어려운 경전의 뜻이 훤히 알아졌으며, 달도 없는 그믐밤이면 대낮처럼 밝아 와서 눈을 비벼가며 산천을 여러 번 바라보기도 하였다고 한다. 깨달음에 대한 게송이 술술 나와서 천하의 어떤 선지식도 나에게 물어보라고 큰소리를 치셨다고 했다. 그런 스님도 업신業身의 무세는 어쩔 수 없었던 모양이다. 그 몸을 벗어버릴

시기가 멀지 않았음을 감지한 노스님은 어느 날 시자와 함께 통도사 일주문을 나섰다. 지금까지 살아온 당신의 숨결이 어려 있는 곳마다 불공을 가신다고 하였다. 시자의 걸망 속엔 향과 초 등이 들어 있었고 상당한 금전도 준비되었다. 삶의 흔적을 지워버려야 할 즈음에 자신이 거쳐 왔던 발자국을 되돌아가면서 스스로의 지나온 그림자를 더듬어보는 노스님의 마지막 행장이었다.

돌아와서 하시는 말씀이 "우리 중들은 남의 불공만 해주었지, 자기 불공은 할 줄 모르거든, 혹 한다고 해도 불공비도 안 내고 그냥 기도만 하는데 그래서는 안 되지." 하셨다. 자신 스스로가 자신을 위한 불공을 절절마다 했던 일암 노스님. 진정으로 자기를 돌아보며 스스로의 수행력을 점검하고 원력과 참회로 자신을 다독거린 천진도인 노스님이었다. 통도사 큰 전각 사이에 세워진 후미진 작은 방에서 틈만 나면 들려오던 노스님의 금강경 독경소리는 스님의 적멸과 함께 사라진 지 오래지만 스님의 아름다운 뒷모습은 지금도 전설처럼 통도사에 남아 있다. 고인古人의 글에 "눈 온 뒤에라야 송백의 지조를 알겠고, 어려운 일을 당할 때에야 비로소 장부의 마음을 본다."고 하였다. 곁에서 모시고 살았을 때는 모르던 노스님의 덕화가 점점 그리워지는 요즈음이다.

천년의 고목도 이렇듯 세월을 이고 왔을 터이다

나무의 마음을 보다

어둠은 사방을 더듬거리게 하고 불안을 부추기기도 하지만 또한 검은 장막을 팔방에 쳐주어 사람을 편안하게도 해주는 양다리의 성질을 갖고 있다. 전기가 없던 시골 쪽방에서 여럿이 함께 자다가 소변이 마려워 밖으로 나올 때의 조심성이 그렇고, 소낙비가 억수로 쏟아지는 그믐 밤에 툇마루 끝에 서서 시원하게 소변을 볼 때 고마움이 그러하다. 비바람이 으스스하게 부는 캄캄한 여름밤에 아카시아 나무가 빽빽하게 들어 차 있는 낮은 야산 주변에 헐벗은 공동묘지 길을 돌아갈 때는 왠지 모르게 불안감이 주변을 맴돈다. 그래도 태산준령의 깊은 산 속 천년 고찰이 버티고 서 있는 산 주변은 아무리 캄캄해도 무서운 기운이 조금도 스미지 못한다. 이처럼 어둠은 처해 있는 위치와 상황에 따라 각각 그 느낌을 다르게 한다.

65년 가을, 입산한지 얼마 안 되는 어느 날 저녁에 범어사 금강암 주지스님이 심부름을 시켰다. 저 아래 대성암 뒷문 근처에 쌓아둔 시멘트를 밤새워 지키라는 것이었다. 나는 속으로 "승려가 무슨 의심이 그리도 많으신가?" 하고 의아하게 생각했지만 그간의 사정을 듣고 나니 도둑을 맞지 않는 사전 예방도 중요한 듯 하였다. 깜깜한 밤이 되자 주지스님이 시키는 대로 좌복 두 개와 국방색 담요 하나 그리고 손전등을 꺼내들고 그곳으로 내려갔다.

　시멘트를 쌓아둔 곳은 대성암 누각 바깥쪽 담벼락 근처였다. 나는 전등을 비추며 좌정할 자리를 찾았다. 그물처럼 늘어선 둥글둥글한 큰 바위들 가운데 넓적한 바위 하나를 찾아서 좌복을 깔고 털썩 주저앉았다. 사방은 칠흙같이 어둠으로 둘러싸여 있고, 고목나무 사이로 별들이 띄엄띄엄 보이고 있는 교교한 밤이었다. 때는 9월이라 산중의 공기가 제법 쌀쌀했다. 담요를 둘둘 말아 뒤집어쓰고는 밤 귀신처럼 홀로 앉아 있으니 자신이 처량하기도 하고 우습기도 하였다. 그나마 그칠 듯 재글재글거리며 울어대는 풀벌레 소리와 크고 작은 둥근 바위 틈으로 잔잔하게 흐르는 물소리가 어둠 속에서도 친구가 되어주고 있었.

　깜깜할 대로 깜깜한 금정산이 주는 밤의 무게는 시간이 갈수록 더욱 으스스해졌다. 그러자 조금씩 무서운 마음이 들기 시작했다. 가끔씩 산자락 끝에서 부스럭거리는 산짐승 소리가 흡사 사람의 발자국 소리처럼 들리기도 하여 무서움을 더욱 부채질했다. 그럴 때면 괜스레 전등불을 잔잔하게 흐르는 계곡물에도 비추어보고, 큰 나무에 비추어보기도 하였다. 그러면 큰 나무 줄기를 타고 오르던 청설모가 깜짝 놀라 쳐다보기도 하고, 이따금씩 켁켁거리는 너구리 울음소리도 멈칫하기도 했다. 동물의 소리보다 사람의 소리를 더 무섭게 생각하다니, 나도 모르게 짐승보다 사람에 대해 더 많은 공포심을 가지고 있었던 것이다.

가끔씩 무슨 소리가 나면 전등불을 비추어보곤 하였는데 그때 마침 고목 하나가 눈에 들어왔다. 속은 거의 다 썩어 아예 텅텅 비어 있고, 겉껍질조차 모두 뒤틀린 느티나무였는데 나무를 둘러싸고 있는 울타리 끝에 글씨가 적힌 납작한 판자가 매달려 있었다.

고목의 변

천년의 풍설, 수壽 다한 사연
새움의 싹 다시 만년 잇도록
여러 님 아낌에 기댑니다.

그리고는 두 손을 모아 합장하는 그림을 맨 끝에 달아두었다.

　나는 사실 절에서 내려올 때는 기분이 썩 좋지 않았다. 아무리 시멘트가 귀하고 행자가 만만하다 하지만 그 깜깜한 노천에서 찬 이슬을 맞으며 밤새워 그것을 지키라고 하다니. 그러나 전등불로 비춰본 다 썩어빠진 느티나무의 텅 빈 속, 그리고 오랜 세월 비바람을 맞아온 고목의 끈질긴 생명력으로 자라나는 팔뚝만한 새 가지들을 보자 그런 마음이 눈 녹듯 사라져버렸다.

　나는 전등불을 끄고 담요를 둘러쓰고 꼿꼿이 앉았다. 이 어둠을 안고 새날이 밝아오기를 기다리듯이 나는 어둠의 세계에서 새로운 깨달음을 향하여 달려가야 하는 행자였다. 문득 어머니가 떠올랐다. 괴로움이 크거나 즐거움이 클 때면 불쑥불쑥 떠오르는 어머니. 어머니가 이 모습을 보고 계시면 얼마나 가슴 아파하실까? 그러다가 깜빡 잠이 들었다.

　"똑 또르르 똑 또르르 똑 똑"

　금정산의 새벽을 알리는 목탁소리에 퍼뜩 정신이 들었다. 그러자 이번에는 잔잔한 종소리가 새벽 산사에 서서히 퍼지기 시작했다. 길게 여운을 안고 끊어질 듯 끊어질 듯 이어 도는 범종소리에 금정산의 어둠이 서서히 걷히기 시작했다. 곧이어 문 여는 소리, 새벽을 걷는 여승들의 조심스러운 발걸음 소리들이 새소리 물소리들과 함께 들리기 시작했다. 이제 바야흐로 새날로 이어지는 것이다. 천년의 고목도 이렇듯 세월을 이고 왔을 터이다. 고목나무 울타리 모서리에 달려 있는 한 구절이 마음에 들고 또 들어 밤새도록 얼마나 중얼거리고 외웠던지 45년이 지난 지금까지 그것을 외우고 있다.

일어나서 앉아라. 잠을 자서 그대들에게 무슨 이익이 있겠는가
화살에 맞아 고통받고 괴로워하는 이에게 도대체 잠이 웬 말인가?
- 숫타니파타 -

가고 옴에 익숙했던 선객들의 걸망 속엔 달랑 3의 三衣 1발 一鉢뿐,
단출한 걸망 하나면 수행자는 어디에서든 수행함에 부족함이 없었다

풀섶에 앉은 운수객들이여!

백운白雲처럼 떠돌고 물처럼 흐른다고 붙여진 운수납자 雲水衲子들. 그 한가로운 말 속에는 끝없는 자유와 여유로움이 흠뻑 배어 있는 반면, 한쪽으로는 극심한 고독과 허허로움도 숨어 있다. 가고 옴에 너무나도 익숙하게 젖어 있는 선객들, 그들이 가진 것은 오직 걸망 하나뿐이다. 그러나 걸망 속에는 수행자로서 살아갈 수 있는 모든 것들이 빠짐없이 다 갖추어져 있다. 이른바 3의三衣 1발一鉢이다. 대가사大袈裟와 오조五條가사 〔다섯 가닥의 헝겊을 꿰매어 붙여 만든 가사〕, 장삼 등 옷 세 벌과 발우 하나면 어디를 가나 족하다는 것이다. 명산에는 반드시 대찰이 있어, 가는 곳마다 방부만 들이면 의식주가 해결되는 우리집이니, 세상에 이보다 더 큰 부자가 어디에 있고 걸망 속에 무엇이 더 필요할 것인가? 그런데 아무리 좋은 곳에 자리 잡은 명당이지만 삼 개월을 살다보면 싫증이 나곤 한다. 또 한 곳에 오래 머물다 보면 주변의 환경이나 사찰 사람들의 내력 등을 알게 되어, 자칫 말수가 늘어 공부에 방해가 될 수도 있다. 그래서 납자들은 한철을 지내면 또다시 걸망을 지고 또 다른 낯선 곳으로 떠나게 되는 것이다. 그래서 붙은 이름이 운수납자다.

안거의 뜻과 본래의 의미는 부처님 당시의 인도에서 비롯되었다. 사연인즉 출입이 불편한 우기에는 그 기간 동안 조용한 곳에서 집단적으로 수행을 하게 된 데서 유래되었다. 한데 지금에 와서는 여름과 겨울 두 철을 우리나라처럼 철저하게 지키면서 정진하는 나라는 세계에서 유일하다고 들었다. 그만큼 한국은 공부하기가 좋은 곳인데, 공부환경이 너무 좋아서 도리어 수행에 방해가 될 정도이다. 그래서 우리 불가에서는 "양가득죄兩家得罪"란 말이 태어났다. 자신을 낳아주고 길러준 은공을 다 못 갚고 출가 입산한 것이 첫 번째 "속가득죄俗家得罪"요, 승가에 와서는 신도들의 크나큰 시은을 받으면서도 수행을 잘 못하는 것이 두 번째 "불가득죄佛家得罪"다. 때문에 선원에서는 출가수행자들에게 두 차례의 결제를 통해서 올곧게 정진함으로써 양가에 대한 무거운 짐을 덜어낼 수 있는 절호의 기회를 주는 것이다. 우리나라 선원의 제도는 이처럼 참으로 멋진 것이다. 그래서 수좌들은 전국에 산재해 있는 대소 사찰을 돌아가면서 결제에 임할 수 있게 된다. 반면에 우리 때는 도반과 함께 동행하는 경우도 간혹 있지만, 대부분 혼자서 길을 나선다.

043

억새만이 무성한 단조산성端照山城 근처에서 바스락거리는 억새풀 사이로 모습을 보인 수행스님들. 사진 속 스님들 중 거처를 아는 스님은 단 두 명뿐. 다른 스님들은 어디서 무엇이 되어 살고 있을까?

상원사에 살 때였다. 산철 중 새벽 예불을 마치고 한 시간 정도 좌선을 하고 있는데 문득 오늘은 떠나야 되겠다는 생각이 들었다. 방선放禪 [좌선을 하거나 불경을 읽는 시간이 다 되어 공부하던 것을 쉬는 일]을 하자마자 걸망을 지고 일어섰다. 납자는 가사만 바랑에 넣으면 출발은 언제든지 자유롭다. 마침 그믐께라 아주 작은 달이 밤하늘에 수많은 별들과 함께 떠 있었다. 은은한 달빛과 별빛을 함께 받으면서 계곡을 따라 혼자 걸으니, 냇가의 물도 졸졸 소리를 내며 나를 따르고 있었다. 사문이 한 생각 일어나 자리를 훌훌 털고 일어날 수 있는 까닭은 아마도 이 새벽이 주는 아름다운 광경과 더불어 떠남을 즐기기 때문이 아닐까. 그곳에는 언제나 호기심과 기다림으로 잔뜩 부푼 채 나를 기다리는 새로운 세계가 있었다.

그래서 옛 사람이 읊었다.

"좋은 세상 버리고 왜 산중에 사는가? 묻는 이여,
산마루에 두둥실 떠있는 백운을 바라보는 재미를 아는가?
한가롭고 만족하게 사는 삶, 내 스스로 느낄 뿐
그대에게 꺼내 주지 못함이 미안할 따름이오."

통도사 보광선원에 모인 승려들도 그런 발걸음으로 그 겨울 한철을 영축산에 내리고 지내다가 어느 날 저린 다리를 풀 겸, 상봉에 올랐다. 낙엽은 지고 무더기 억새만이 온몸으로 차디찬 바람을 맞이하는 단조산성端照山城 근처이다. 어느 산이나 최상봉에 발을 딛고 선 순간은 감회가 남다르다. 우리도 바스락거리는 억새풀 속에 지나온 업신業身을 숨기고 카메라를 쳐다보았다. 사진 속에 스님들 가운데 지금 거처를 알고 있는 스님은 단지 둘뿐이다. 나머지 스님들은 모두 어느 곳에서 어떻게 살고 있을까?

그해 겨울은 유독 좋은 스님들이 많이 모여서 몸도 마음도 따뜻하게 지냈던 한철이었다. 추적거리는 봄비 오는 소릴 들으며 이 글을 쓰는 순간에도 영원히 남게 되는 삶이 한 자락 끝은 그래서 따뜻하다.

소리로 나온 이름을 잘 바라보고 되새기면
근본 뜻에 도달할 수 있다

수도암修道庵의 이름값

이름은 원래 없는 것이다. 그런데 이름이 있게 되는 순간, 본래는 없었던 가치와 이미지가 생겨나 알 수 없는 효력이 생기게 되기도 한다. 이름이란 본디 그렇다. 본래로는 의미가 없는데 자주 사용하다 보면 의미가 생기는 아주 이상스러운 놈이다. 처음 이름을 지어낸 것은 우리들의 생각에서 비롯된다. 그러다 자주 반복해 부르다 보면, 소리 안에 그 생각의 가치가 내재되어 우리들의 삶이 넉넉해지게 되는 경우가 있다. 결코 이름을 소홀하게 다루어서는 안 되는 이유이다. 반야般若의 계발을 주창하는 불교적 입장에서는 이름이나 모습이 실체가 아닌 허상에 불과하므로, 그것의 무게에 짓눌리지 말라고 누누이 강조한다. 하지만 그것은 이름 자체에 지나치게 집착하는 폐해를 방지하기 위함이지 이름이나 실체를 평가절하하기 위한 것은 아니다. 이름을 지으면서 떠올리는 한 생각은 참된 마음의 성품에 의지해서 생기기 때문에, 소리로 나온 이름을 잘 바라보고 되새기면 바로 근본 뜻에 도달할 수 있다. 따라서 아무리 하찮게 보이는 이름이라 할지라도 가볍게 여겨서는 안 된다. 좋은 이름은 반드시 이름값을 하게 된다.

이와 같이 이름값을 톡톡히 하고 있는 암자가 있다. 바로 청암사 수도암修道庵이다. 요즘은 규모가 많이 커져서 수도사修道寺라고도 부르는데 본디는 청암사의 산내 암자이므로 수도암이라 부르는 게 옳다. 수도암은 듣기만 해도 수행이 잘될 것처럼 들린다. 묘한 것은 통도사 주변이나 다른 곳에도 같은 이름의 암자가 수도 없이 많이 있지만 그 암자들이 모두 똑같은 느낌을 주는 것은 아니라는 사실이다. 무엇인가 있을 듯하고 흐트러지고 있는 내 마음을 안정시켜 줄 듯한 기대감을 안고 불영산佛靈山 수도암을 처음 찾은 것이 1974년의 일이었다. 증산면 버스정류장에서 내려 걸망을 짊어지고 청암사를 지나서 뒷산으로 오르는 오솔길은 상당히 가파랐다. 오라고 한 적은 없지만 스스로 찾아가는 그 길을 고개를 길게 빼고 땅만 내려다보고 걷고 또 걸었다. 사문沙門은 그렇게 호젓한 산길을 혼자서 걸을 때 많은 것을 느끼고 얻는다. 특히 힘이 제법 많이 드는 오르막 산길을 무거운 짐을 지고 가면서 연신 땀을 닦고 갈 때가 그렇다. 평지에서 아무런 짐도 없이 걸을 때보다, 뭔가 정신적 고지를 향해 한 발 한 발 내딛고 있는 절박한 감정을

갖고 걷고 있을 때가 어쩌면 더 행복할 때인지도 모른다. 희망이라고도, 또는 목적이라고도 할 수 있는 그곳을 향해 힘들게 내딛는 과정이 더 아름다운 것이 아닌지. 출가 납자는 깨달음과 중생 교화라는 두 가지의 성취를 위해서 이 산, 저 산을 오르내리다보면 해질 무렵이 다 되어서 산사에 도착하는 경우가 빈번하다. 수도암 역시 길이 멀고 험하다보니 석양 무렵이 되어서야 절이 내려다보이는 산등성이에 오를 수가 있었다

말로만 듣던 수도암, 암자가 내려다보이는 곳에 홀로 앉아 흐르는 땀을 닦으며 걸망을 내려놓고 바라보니 말로 표현할 수 없는 감흥이 절로 일었다. 한줄기 연기가 굴뚝에서 모락모락 피어오르고, 저녁 산중에 고요히 울려 퍼지는 목탁소리가 인적 없는 산사 지붕의 옛 기왓장에 올라앉아 초짜 선객을 맞이하고 있으니 세상 물정 모르는 어수룩한 내 영혼은 순식간에 수도암으로 빨려 들어가 이곳에서 3년 동안이나 살게 되었다. 수도암은 수행 그 자체로 존재하는 곳이었다. 이곳은 분명 세상 사람들이 사는 곳이 아니었다. 석굴암 불상보다도 더 일찍 조성되었다는 대웅전 석불은 들떠 있는 중생의 탐욕스런 마음의 숨통을 죄어 모든 것을 죄다 내려놓게 했다. 새벽예불 때마다 흔들거리며 타오르는 촛불이 도톰한 불상의 존안에 올라타, 졸린 듯 내리감은 두 눈에서 불타오르면 세상의 그 어떤 나쁜 심보의 도둑도 본래의 청정한 그 마음으로 돌아가지 않을 수 없게 하는 것이다. 거기다가 법전法傳스님[지금의 조계종 종정스님]의 단전에서 우러나오는 축원을 듣고

있으면 건달바乾達婆, Gandharva(천상에서 악기를 연주하는 신)가 아니더라도 저절로 반야의 춤을 추지 않을 수 없게 되는 수도암의 새벽예불이었다.

선원은 흙벽으로 얼마나 두툼하고 탄탄하게 지었는지 영하 18℃ 정도 되는 한겨울에도 저녁에 아궁이에 불을 지피면 예불을 거의 끝마칠 때쯤 되어서야 겨우 추위를 느끼게 될 정도로 그 훈기가 대단했다. 그 무렵엔 대중도 몇 안 되고 신도들의 왕래도 거의 없었을 때인 데다가 황간에서 오신 노보살 한 분이 정성껏 공양을 지어 올리다 보니 모든 생활 그대로가 기도요, 정진이었다. 절반은 묵언상태가 되어서 '정말 세상천지에 이런 곳도 다 있구나!' 할 정도였다. 전설에는 도선국사道詵國師(827~898, 통일신라의 승려)가 이곳을 발견하고는 일주일간 춤을 추었다고 할 정도로 절터가 좋다. 이렇게 좋은 명당자리는 보통 "옥녀직금玉女織錦형"(옥녀가 베를 짜는 형국)이라고 하는데 그래서 법당 앞 석탑 곁에 돌로 만든 베틀이 지금도 있다. 솜씨에 따라

법전法傳스님

제12대 대한불교 조계종 종정. 한번 참선에 들면 미동도 하지 않아서 '절구통 수좌'라는 별명이 붙을 정도였던 법전스님은 1938년 백양사 청류암으로 입산. 1941년 영광 불갑사에서 설호스님을 계사로, 설제스님을 은사로 수계득도했다.
1949년 성철·청담·향곡·자운스님과 함께 봉암사 결사에 동참하였다. 1956년 문경 대승사 묘적암에서 홀로 수행정진해 득력한 뒤, 서른셋의 나이로 파계사 성전암에서 성철스님에게 인가받았다.
1969년부터 15년간 수도암에서 선원을 열어 후학들을 제접했다. 1996년 가야산 해인사 해인총림 방장으로 추대됐고, 2002년 제11대, 2007년 제12대 종정으로 추대되었다.

051

베를 짜듯 기도나 참선을 하면, 하는 만큼 바로 득력을 한다는 그곳이다. 그리고 법당 뒤에 있는 큰 소나무가 법당 반대편으로 넘어가 있었는데 그것은 나한님들이 그렇게 만들었다는 전설도 안고 있다. 70년대 초까지만 해도 4월 초파일이 되어도 등도 달지 않고 수행만 했던 수도암이 차츰차츰 전국에 알려지게 되면서 수도리 쪽으로 큰 길이 생기게 되자 점점 사람의 발길이 많아졌다.

그해 겨울에는 법전, 법경, 영월, 청소스님과 나와 현욱스님 등이 어른스님을 모시고 지냈다. 중간에 오대산 북대에서 활안스님이 오셔서 한철을 잘 보내기도 했다. 주지실은 대중 선방 뒤쪽에 있는 작은 방이었다. 그때 주지스님은 언제나 나무를 적게 때라고 우리들에게 당부하고 또 당부하셨는데 가장 젊어서 혈기왕성했던 현욱스님은 추위를 제일 많이 타 속으로 주지스님이 원망스러웠을 지도 모른다. 토굴 생활을 오래 해서 나무를 아끼는 마음이 많아서 그렇기도 했지만 원래 체구가 단단해서 어지간한 추위엔 끄떡도 하지 않았던 주지스님이었다. 그런데 가장 나이가 적은 현욱스님은 송광사에 살 때에 은사인 구산스님이 음식 버리는 것을 싫어하셔서, 공양주를 하면서 상한 음식을 너무 자주 먹다 보니 몸이 탈이 나 냉병이 생겨서 추위를 많이 타게 되었다고 했다.

하루는 군불이 다 탄 다음에 현욱스님이 살금살금 부엌에 가서 장작 몇 개비를 아궁이 끝 쪽으로 밀어 넣었는데 그 소리가 구들장을 타고 주지스님 방까지 들리게 되었다. 스님이 당장 부엌에 나와서 호통을 쳤다.

"내 방도 안 추운데 큰 방에 사는 이가 뭐가 춥다고 나무를 더 넣느냐? 당장 끄집어내라."

그는 시키는 대로 하고는 가사를 수하고 큰 부지깽이를 들고 주지실로 들어갔다.

"스님, 나무 더 땐 죄로 이것으로 저를 실컷 때려주십시오."

그리고는 고개를 숙이고 넓적 엎드렸다. 어이없어 헛기침을 서너 번 한 주지스님이 "알았네, 나가보게." 하더라는 것이다. 그 이후에는 간간이 군불을 더 지펴도 어른스님이 나오질 않아서 우린 그해 추운 겨울을 따숩게 잘 살았다.

수도를 하지 않고는 살 수 없는 수도암. 새벽정진을 마치고 몸과 마음이 가뿐한 상태로 선방문禪房門을 열면 저 멀리 가야산의 모습이 어스름하게 나타난다. 그리고 그 사이로 한 송이의 연꽃처럼 붉게 아침 해가 피어오르면 연화장세계蓮華藏世界(불교에서 그리고 있는 깨달음의 세계)가 저 모습이 아닐까 하고 꿈을 꾸곤 했다. 지금은 선원을 크게 지어 20여 명의 선객들이 살고 있는 그곳은 불영산 중턱 900m의 높은 곳에 있다 보니 여름에는 시원하고 겨울에는 모질게 춥다. 추울 때는 방안에 있어서 정진하기에 좋고, 여름에는 모기가 없어서 마음 놓고 공부한다. 수도암은 조계종 특별선원인 봉암사와 함께 선객들의 고향으로 각광을 받고 있는 우리나라의 대표적 수행도량이다.

삼함三緘은 신업, 구업, 의업의 세 가지를 조심하라는
경구의 말이다

삼함三緘의 뜻을 새기며

하루는 근처 절에서 행사에 초청을 받아 큰절에서 가장 가까이 있는 암자인 취운암鷲雲庵으로 걸음을 옮겼다. 그날따라 마침 시간 여유가 있어서 큰 방 아랫목에서 동행한 세 스님과 담소를 나누며 오랜만에 한가로운 여운을 즐겼던 기억이 난다. 그때 한 방에 앉아 이야기꽃을 피운 스님은 당시 강주스님講主[강원에서 강의하는 스님]보다도 세 살이나 위인 노장老丈 중의 노장인 한 스님과 종열스님이었다. 지금은 이름이 희미한 노장 스님은 입적한 지 오래되었고, 종열스님은 화엄사 주지를 역임했다. 종열스님은 매우 쾌활하고 미남형이라 승가대를 졸업하고 육사에 가겠다고 해서 자기 은사스님의 절인 담양 보광사에서 내가 영어를 가르치기도 했다. 보광사는 디딜방아도 있었던 아담한 암자였는데, 그때 왜 내가 보잘 것 없는 영어실력으로 종열스님에게 영어를 가르치겠다고 했는지 도무지 알 수가 없다. 그래도 그때를 회상해보면 저절로 웃음이 나오며 철없던 그 시절이 마냥 그립기만 하다.

취운암 큰 방 등 뒤 벽에는 "삼함三緘"이라는 글자가 붙어 있다. 갖추어 표현하면 "삼함지계三緘之誡"이다. 세 가지를 조심하라는 경구의 말이다. 소위 삼업三業을 청정하게 가지라는 뜻으로 삼업이란 신업身業[몸으로 짓는 업]과 구업口業[입으로 짓는 업] 그리고 의업意業[뜻으로 짓는 업]을 말한다. 몸으로는 살생과 훔침, 그리고 음란함을 삼갈 것이며, 입으로는 악한 말과 이간질, 거짓말과 보탠 말을 조심하고, 생각으로는 분수 밖의 탐심과 화 내는 마음과 어리석은 마음을 내어서는 안 된다는 뜻이다. 열 가지의 착한 선善을 실천하면 선행善行이 되고, 그것을 범하면 악행惡行이 된다. 그러나 유가儒家에서는 '입을 세 바늘 꿰매듯 말조심을 하라'는 경구로도 쓰인다. 팔정도八正道[부처님께서 가르친 여덟 가지 올바른 실천법]에서 정정진正精進[바르게 정진함]은 바로 이것을 두고 하는 말이다.

우리가 만드는 모든 업은 바로 이것에서 비롯된다. 나타나는 것이 큰 것으로부터 나열하면 신·구·의이고, 업이 흐르는 순서로 말하면 의·구·신이다. 업이 쌓이게 되면 이 셋이 불가분의 관계로 얽혀서, 분명하게 그 앞

어느 행사에 초청받아 큰 방 아랫목에서 편안한 모습으로 앉아 있는 스님들. 내 바로 곁에 있는 분은 노장 老丈 중의 노장으로 입적한 지가 오래되었다. 그 옆의 스님은 강원 졸업 후 전혀 소식이 없으며, 털모자를 쓴 스님은 화엄사 주지를 역임한 종열스님이다.

과 뒤를 나눌 수는 없지만 가만히 생각해 보면 일념一念이 먼저인 것을 알 수 있다. 탐貪·진嗔·치癡 삼독三毒이 일어나는 근본은 무엇일까? 경전에서는 삼독의 근원을 무명無明이라고 가르치고 있다. 진리를 참답게 알지 못하기 때문에 나오는 한 생각이란 뜻이다. 무명이란 생명의 근원과 인간 삶의 존재원리가 어디에서 어떻게 와서 어떤 내용으로 굴러가게 되어 있는지를 모르는 상태에서 나오는 좋지 않은 기운이므로 독毒이다. 현대식으로 곧이곧대로 표현하자면 '맹목적 충동세력' 쯤으로 부를 수 있다. 무명의 유전적 역사는 그 끝을 알 수 없을 정도로 깊고 두텁지만 한 순간에도 녹아버리게 할 수 있는 그 무엇이다. 왜냐하면 그것의 실체가 본래 없기 때문이다. 참된 진리를 한 찰나에 자각하게 되면 억겁 동안 쌓아온 무명이라고 하더라도 금세 사라져버리고 만다. 아무리 오래 된 어둠이라도 빛이 들어가면 금방 밝아지듯 억겁의 어리석음이 순간에 사라지는 것이다.

그 무명의 세력이 홀연히 일어나서 탐심貪心을 일으키게 충동질하고 그것이 여의치 않자, 화내고 질투하는 마음이 생기고, 이치에 어둡게 만드는 치심癡心이 그 위에 차곡차곡 쌓이게 된다. 그것들이 무의식 세계인 아뢰야식阿賴耶識◦이라는 의식창고에 보관되어 있다가 구업口業으로 나오게 되고, 구업이 커져서 급기야는 악업惡業을 짓는 행위를 저지르게 된다는 것이다. 엄밀하게 살펴보면 '나'라고 일컬어지는 물질적인 4대 [지地, 수水, 화火, 풍風]와 아름다운 산하대지도 내가 일으킨 한 생각의 그림자일 뿐이다. 높고 낮음高低, 길고 짧음長短, 아름답고 추함美醜 등등 이 세상의 모든 상대적인 평가는 본래 그들이 갖고 있는 절대적 가치가 아니라 지혜롭지 못한 한 생각

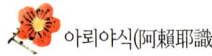 아뢰야식(阿賴耶識)

불교의 유심론唯心論에서 말하는 인간의 근본 의식을 말한다.
아뢰야식阿賴耶識은 산스크리트어 아라야 비즈나나alaya vijnana를 음을 따라 중국식으로 표기한 것이다. 또는 간단히 제8식第八識, Eighth consciousness이라고도 한다. 원효는 제8식을 모든 선악을 포용하는 거대한 바다와 같다고 보았다. 즉 아뢰야식이라는 무의식의 바다는 모든 종자種子를 갖춘 바다인데, 아뢰야식을 완전히 초월하는 것을 선禪에서는 깨달음이라고 한다.

이 자신의 편함에 의해서 제멋대로 지어낸 것이기에 그것에는 올바른 진리의 의미를 부여할 수 없다는 이론이다. 만법萬法이 오직 의식으로 만들어졌으며 삼계三界(욕계, 색계, 무색계)도 오직 일념의 세계에서 나온 것이라고 유식이론가들은 표방하고 있는 것이다.

능엄경에서 어떤 선사에게 젊은 수좌가 물음을 던진다.

"청정 본연한데 어째서 홀연히 산하대지가 생겼습니까?"

그 물음에 선사도 똑같은 물음을 다시 던진다.

또 선사가 수관을 짓고 있는 공부방을 시자가 들여다보니 방안에 물이 가득 차 있었다. 그가 작은 돌을 하나 던졌더니 '퐁당' 하고 떨어졌다. 얼마 후 삼매三昧에서 나온 그 선사가 가슴이 답답하다 하면서 아까 무슨 일이 있었느냐고 묻는다. 시자가 사실대로 얘기하니 그러면 내가 다시 수관 삼매에 들 터이니 네가 던진 돌을 꺼내라고 했다. 시자가 시키는 대로 하고 나니 선사의 가슴이 후련했다고 한다.

모두 일념一念의 소중함을 일컫는 일화들이다.

만남의 결과는 다시 새로운 인[처]이 되어,
새로운 연으로 발전하고 접목시켜 연쇄반응을 일으킨다

인연은 삼만리

인연이란 참으로 묘한 원리를 갖고 있다. 출가하기 전에 나는 교사나 변호사가 되고 싶었다. 누가 권한 것도 아니었고 집안에 그런 영향을 줄 만한 사람이 아무도 없었는데 나는 꼭 그렇게 되고 싶었다. 내 마음 속에서 생겨나온 한 점의 희망심이 그렇게 만들었던 것 같은데 그것도 여고의 멋진 선생님이 되어보고 싶었다. 지금 가만히 생각해보니 그 당시 이성에 대한 동경심도 좀 작용한 듯하지만, 가르치고 이야기하는 데 조금은 흥미가 있었던 모양이다. 결국 나 자신의 소양과 가정 형편상 두 가지 중 하나도 이루지 못하고 입산하고 말았지만, 절에 와서도 교사가 되고 싶은 마음이 영향을 주었는지 승가대학 강사의 소임을 세 번이나 맞게 되는 인연이 생겼다.

통도사에서는 해마다 봄이 되면 곤드레라는 산나물 채취를 위해 980m의 영축산 상봉에 전 대중이 올라가서 한 걸망씩 지고 와서 삶아 두고 묵나물 반찬을 만들어 먹곤 하였다. 정상이 가까울수록 오르는 길이 워낙에 가파라서 쌀 등 점심에 먹을거리를 긴 막대기에 꿰어서 두 사람씩 교대로 메고 갔다. 그때의 기억을 되짚어보면, 생각나는 도반이 한둘이 아니다. 그중 한 학인은 지금 통도사 노전爐殿 소임을 보고 있는데, 염불을 얼마나 잘 하는지 CD를 만들어 내었다는 소식을 풍문으로 들었다. 한 학인은 지금은 통도사 수말사인 밀양 표충사 주지를 맡고 있는데 몸이 일어 장군처럼 되었다. 또 한 명 생각나는 학인은 당시 까무잡잡한 얼굴에 인도 사람 닮았다고 놀려대곤 하였는데 그 말이 씨가 되었는지 인도에 유학을 가서 20여 년을 살다가 몇 해 전에 귀국한 도웅이란 스님이다. 통도사에서 산스크리트어 강의를 하다가 다시 인도 녹야원 근처에 자신이 지은 사찰로 갈 것이란 기사를 불교 신문에서 보았다. 어릴 때부터 유난히 얼굴이 동글동글하고 거무스름해서 인도인 같다고 이구동성으로 놀려댔는데 그곳에 가서 그 긴 시간을 별 탈 없이 지낸 것을 보면 이미 전생부터 그곳과 무슨 인연을 맺어두고 온 것이 아닌가 생각해보게 된다.

오래 전부터 나와 친한 어떤 스님은 인도에 가서 부처님 성지를 참배하고

내 곁에 서 있는 학인은 지금 통도사 노전爐殿으로 대웅전의 염불 기도 소임을 보고 있다. 그 옆에 얼굴만 보이는 스님은 통도사 수말사인 밀양 표충사 주지를 맡고 있다. 왼쪽 맨 앞에 있는 까무잡잡한 학인은 도웅스님으로 통도사에서 산스크리트어 강의를 하고 있다.

그곳에서 수행하면서, 그토록 원하던 부처님 일대기를 멋지게 써볼 원력을 세우고 본격적으로 인도에 대한 자료를 모았다. 그 스님은 인도에 오래 살다 온 사람보다도 그곳 지리를 훤하게 꿰고 있을 정도로 인도에 관하여 해박하였다. 그리고 영어가 필요하다면서 삼년 동안 부지런히 영어공부도 게을리하지 않았다. 키와 눈이 작아도 다부지게 생긴 그 스님은 무엇이든지 한다하면 똑 부러지게 하는 성정이라 어디를 가든 이어폰을 끼고 영어를 공부를 하더니 드디어 인도로 떠났다. 그런데 몇 년을 보지 못할 줄 알았던 스

065

님이 일주일 만에 눈이 움푹 파인 채로 되돌아오고 말았다. 그곳에 도착한 즉시 배탈이 나서 견딜 수가 없었다는 것이다. 인도에 가서 조심해야 될 음식 등 그곳에서 잘 지낼 수 있는 정보가 걸망에 수북하였지만 아무런 소용이 없게 돼버린 것이다.

이러니 인연이 지중하지 않다고 하겠는가? 인연과 인연을 이어주는 줄이 보이지 않는다고 해서 그 인연의 끈을 소홀하게 다루어서는 안 된다. 어떤 경우에서든 수많은 사람 중에 함께 만나 같은 공간에서 생활하고 있는 현재의 상황은 선연이든 악연이든 매우 소중하고도 의미 있는 인연의 장인 것이다. 만남의 결과는 다시 새로운 인因이 되어, 새로운 연으로 발전하고 접목시켜 연쇄적 반응을 일으킨다. 그것을 어떻게 하느냐에 따라 어떤 색깔의 인생의 천을 짜게 될지 판가름나게 된다. 그러니 만남을 늘 겸허히 받아들이면서 어떤 마음으로, 어떤 방향으로 가꾸고 이끌어 나가느냐를 신중하게 생각해야 한다. 왜냐하면 그것이 우리 삶의 전부이기 때문이다.

승과 속, 승랍僧臘의 고하를 불문하고 존경했던 운조스님.
스승님의 그림자가 더욱 그리워지는 이 시대다

행자의 신분으로

승가대 2학년 시절, 사집四集 가운데 제일 먼저 배운 서장을 마쳤다. 나는 그때 행자의 신분이었다. 범어사 금강암에 있을 때부터 치문緇門 승려들이 공부하는 대 교훈으로 삼을 만한 고승들의 글을 모아 엮은 책 등의 글을 암기하며 익혔던 터라 서장을 두 번이나 배우게 되다 보니 스님들과 함께 큰 방에서 공부하게 하여 주었다. 요즘 같으면 어림없는 일이었는데, 스승님의 은혜와 학인들의 관용으로 함께 공부할 수 있었다. 3년 전 통도사 주지 정우스님 등이 은사 입적 30년 추모 문집을 출간한다면서 나에게도 원고 청탁을 해 와서 생각을 더듬으며 이렇게 썼다.

월하스님의 시봉으로 수계가 늦어져 큰 방에서 스님들과 함께 서장을 배우고 나서 수료기념 사진을 찍을 때 행자의 신분으로 동참할 수 있었다. 스승이신 운조스님의 배려 덕분이었다.

"스승님의 그림자가 그립습니다."

저는 초발심자경문부터 화엄경까지 운조스승님께 배웠습니다. 꼭 40년 전 가을 감로당 후원채 행자실에서 처음 뵌 스님은 유난히 큰 눈과 훤칠한 키, 그리고 매우 신중한 말씀이 퍽 인상적이었습니다. 특히 끝말을 조금 남기고 매듭지음에선 그 어떤 묘한 매력과 함께 자신을 절제하는 수행자의 힘이 엿보였고 후중한 스님의 걸음걸이에선 초원을 여유롭게 거니는 사자처럼 산중을 다스릴 수 있는 폭 넓은 기개와 굳은 의지가 배어 있었습니다. 치

문을 거의 다 배울 무렵 어느 날 패엽실 강사실에서 하신 말씀이,

"강사 준비를 하이소" 였습니다.

중간 중간에 같은 당부가 두 번 더 있었으나 그때마다 "저는 남의 앞에 설 만한 인품이 못 됩니다."라는 말로 스승님의 뜻을 거역해야 하는 못난 제자가 되고 말았습니다. 그 뒤 수계가 늦어져 큰 방에서 스님들과 함께 서장을 배우고 나서 대웅전 앞에서 수료기념 사진을 찍을 때에 두루마기를 입은 행자의 신분으로 동참할 수 있었던 것도 스승님의 크신 덕화의 그늘이었습니다.

졸업 후 스님의 권유로 두 번의 강사 소임을 보면서 서장을 가르치던 어느 날,

"참선을 한 번도 안 해 본 사람이 대혜스님●의 서장을 가르치니 마음에 부끄러워 더 이상 그 자리에 설 수가 없습니다."

라고 하자 한참을 허공을 응시하며 침묵을 지키다가 힘주어 천천히 하신 말씀이

"그것이 학자의 양심이지만 아픈 나를 좀 도와 줘요."

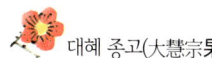 대혜 종고(大慧宗杲)선사

중국 송나라 때 간화선(화두참선법)을 대성시킨 선사. 대혜 종고스님의 저술인 서장書狀이 유명하다. 서장은 화두로 참선하는 명상법에 대하여 당시 지식인들이 편지로 화두공부에 대해 질문한 것을 편지로 답장을 보낸 것들을 모은 것이다. 대혜선사는 특히 여러 화두 가운데 '무'자 화두를 가장 강조했는데 서장에서 "무자 화두야말로 삿된 지견과 삿된 생각을 타파힐 수 있는 지혜의 칼"이라고 했다.

하시곤 또 다시 적정에 드셨습니다. 때론 침묵이 그 어떤 언설보다도 큰 힘이 된다는 것을 이론으로는 알고 있지만 그것을 실천적으로 내어 보임은 스님만한 분도 드물었습니다. 대개는 하고 싶은 말의 유혹에 넘어가서 설득을 하려고 길게 말을 잇게 마련인데 스승님은 내증의 힘을 발휘해서 군더더기 말들을 늘 삭혀 버렸습니다.

그러나 도고마성道高魔盛|수행이 깊어질수록 장애가 성함|이 영축에 드리워져 더는 스님의 주지 소임이 힘들게 되어 잠시 울산 해남사에 주석하실 때, 저는 영천대전이라는 곳에서 마을 집을 하나 얻어서 외전外典을 공부하고 있었습니다. 어느 날 논어를 배우고 집에 돌아오니 내 방 앞에 하얀 고무신이 보였고 방안에는 스승님이 와 계신 것이 아니겠습니까? 두루마기를 입은 채로 꼿꼿이 앉아 계시는 스님을 뵙는 순간 정말 깜짝 놀랐습니다. 어떻게 알고 이곳까지 찾아 오셨으며 간경화로 불편하신 몸으로 이 먼 길을 버스를 타고 오시다니……. 마음 속 깊은 곳에서 뜨거운 눈물이 왈칵 쏟아질 것 같았으나 억지로 참고 인사를 드렸습니다.

"어렵게 공부한다고 욕 봐요, 이 과일하고 떡 좀 자시지, 아주 맛이 좋아요."

마치 무슨 보물 상자를 열 듯 조심조심 분홍색 보따리를 푸시던 그 자애한 스승님의 손놀림이 지금도 눈앞에 선합니다. 방문을 나서기 전 호주머니에서 흰 봉투를 하나 내 놓으시면서,

"적지만 생활에 보태 쓰고, 우찌 됐건 건강 조심해요."

하셨다. 그때의 그 따뜻한 눈빛과 음성이 진실로 그립고도 그리운 요즈음입니다. 스님은 한사코 긴 마중을 마다했습니다. 동네 입구에서 떠밀듯 더는 따라 나오지 못하게 하고 휘적휘적 걸어가는 스승님의 뒷모습, 바람에 흩날리던 옷고름과 두루마기 자락이 너무 허전해 보였습니다. 국도 근처에서 한 번 뒤돌아보시면서 얼른 들어가라고 큰 손짓을 하시던 스님의 뒷모습. 마치 딸집에 왔다가 돌아가는 친정어머니의 사랑어린 몸짓과도 비슷했습니다. 그 이후 4년을 잘 지내시다가 1978년 6월 27일 원적에 드셨으니 세수 49세의 아까운 때였습니다. 그 뒤로 영축산엔 푸른 기운을 거둔 듯 점점 그 색이 바래가는 여러 가지 징후들이 일어났고 적멸보궁의 법좌는 그 주인을 잃은 듯 나날이 황량해졌습니다.

스승님이 적어지고 있다는 오늘날, 참된 스승의 조건은 어떤 것일까? 하고 생각하게 된다. 우선은 사랑이다. 사랑이 스승의 가슴에 가득차야 할 것이다. 그 다음은 평등심이다. 평등한 마음이 가득하여 차별하는 마음 分別心을 거두어야 될 것이다. 다음으로 박학다식해서 제자들이 가려워하는 부분을 시원시원하게 풀어줄 수 있는 분이어야 된다고 생각한다. 이런 세 가지 조건을 골고루 갖추신 스승님이 바로 운조스님이었다. 그래서 가신 지가 오래 될수록 더욱 더 스님의 모습과 덕화德化가 그리워짐은, 그만큼 그분은 스승 됨의 조건과 수행자적 자태를 원만하게 갖추셨기 때문일 것이다. 승과 속, 그리고 승랍僧臘[승려가 된 햇수]의 고하를 불문하고 존경했던 운조스님. 스승님의 그림자가 더욱 그리워지는 이 시대다.

나는 밤을 밤으로 인식하고

낮은 낮으로 인식합니다.

나는 밤을 밤으로 인식하고

낮은 낮이라 인식하라고 말해줍니다.

- 맛지마니까야 -

달을 닮은 남자들

"좋지 않은 경험은 한 번으로 끝내라."

한번으로 끝내라

낙엽 지는 것과 눈이 오는 것을 제일 싫어하는 것은 깊은 산중에 사는 행자들이다. 이조 중엽 무렵 백담선사가 호랑이에게 자기의 육신을 보시하려고 큰 바위 아래로 떨어졌다는 성지약수터에서부터 돈오암까지 홈이 파져 있는 나무를 길게 연결하고 그것을 거북바위 잔등까지 계속 잇대어 물이 흐르도록 해놓았는데 그 위에 도토리 이파리들이 잔뜩 떨어져서 하루에도 서너 번씩 물길이 막히곤 하였다. 그 막힌 곳을 찾기 위해서는 큰 바위를 엉금엉금 기어 다녀야 했다. 아랫 동네에 있는 육조사 큰 절 주변에는 지는 낙엽이 좋다고 온종일 마이크와 꽹과리를 이용해서 산이 들썩거릴 정도로 고래고래 목소리를 높여 노래하고 춤추고 있는 터였지만 산골 외진 곳에 있는 암자에서는 낙엽 떨어지는 소리에도 놀라 벌레들이 달아날 정도로 고요한 곳이다.

그날은 낙엽이 떨어지는 소리조차 들리지 않고, 춤을 추듯 일렁이며 산창에 비춰주던 오죽대 그림자도 거의 차렷 자세로 움직이지 않았다. 가을을 향하여 흘러가는 조용하고 따뜻한 날이었다. 오늘 같은 날은 물길이 막힐 염려가 없으니 마음 놓고 기도해도 되었다. 허리를 좌우로 흔들며 눈을 지그시 감고 곡조를 넣어서 힘주어 읽어나가면 그 뜻을 분명하게 새기지 못했더라도 부글거리던 속마음이 슬며시 가라앉고, 얼굴에 열이 오르며 기분이 좋아지게 된다. 이윽고 108배 염주의 큰 매듭이 엄지손가락에 와 닿자 그것을 꽈리를 틀어 책 곁에 두고 저녁을 짓기 위해 자리에서 일어났다. 공양주인 내가 제일 좋아하는 시간이다.

생각대로 낙엽으로 물길이 막히지 않아 큰 돌 수곽에 물이 철철 넘쳐흘렀고 마지막 남은 홍시를 파먹은 산까치들이 떨군 낙엽만이 동동 떠다니고 있었다.

"까치들은 팔자도 좋지. 저렇게 훨훨 날아다니며 먹거리 걱정을 안 하고 살 수는 없을까?"

이런 생각으로 멍하니 감나무를 쳐다보고 있을 때 뒤쪽에서 인기척이 났다.

"저기, 주시스님 계시나요?"

뒤를 돌아다 보니 검고 긴 드레스를 입고 커다란 선글라스를 쓴 멋진 여인이 서 있었다. 워낙에 안경이 커서 얼굴의 생김생김을 확실하게 볼 수는 없었지만 옷매무새나 말투로 보아서는 평범한 여인은 아닌 듯 싶었다. 그런데 언뜻 보니 이마 중간쯤에 길고 넓은 흰 반창고가 크게 붙어 있었다.

그녀가 주지실에서 나온 것은 저녁공양 직전이었다. 그러나 저녁공양도 하지 않은 채 주지스님 곁에서 마치 저승사자처럼 꼿꼿이 앉아 있었다. 주지스님이 수저를 놓으면서 착 가라앉은 목소리로 대중들에게 일렀다.

"대중들은 한 사람도 나가지 말고 내 말을 들어야겠다. 내일부터 이 보살님이 우리 절에서 백일 산신기도를 하게 되었으니 그리들 알게나. 그리고 혹시 외부나 큰절에서 이 보살의 인상착의를 물으면서 찾는 이가 있다면 이 곳엔 그런 사람이 없다고 하거라."

그리고 2주가 흘러갔다. 그녀에 관한 대중들의 궁금증이 더해갔지만 그녀는 공양도 하지 않고 산신각에서 기도만 끝내면 바로 자신의 방으로 들어갔기 때문에 그저 신비하게 바라보기만 했다. 마침 2차 고등고시를 준비하고 있던 박씨가 대중을 대신해서 주지스님께 그녀에 대해 물어보기로 했다.
"주지스님! 저 보살님은 어떻게 된 겁니까?"

잠시 침묵이 흘렀다.

"2차 시험이 언제지?"

"내년 4월 5일입니다."

"시험 준비나 부지런히 하시게."

"에잇, 스님요, 그러지 마시고 말씀 좀 해주세요."

"이 싱거운 사람아, 남의 일에 왜 그리 관심이 많은가? 자네 일이나 잘 챙기게."

"그래도 궁금하잖아요."

"궁금할 때가 제일 좋으니 그대로 두고 나가시게나."

주지스님은 그것으로 끝이었다. 시간이 흐르니 이마에 붙어 있던 반창고와 선글라스가 사라졌다. 숱이 많고 윤기 흐르는 검은 머리와 눈물이 가득 맺힌 듯 촉촉한 눈동자를 가진 그녀가 도톰한 입술 사이로 하얀 치아를 드러내고 잔잔한 미소를 지어 보일 때는 대중 누구나 자신도 모르게 가슴이 콩닥거렸다. 그녀는 좀처럼 말을 하지 않았다. 게다가 가끔씩 저녁 기도를 마치고 나서 큰 방 뒤쪽에서 그녀의 울음소리가 들리니 불 꺼진 한밤중에 산중에서 젊은 여인의 울음소리를 들어야 하는 젊은 행자들의 마음은 정말 이상야릇한 것이었다.

그럭저럭 백일이 다 되어 갈 무렵 밖이 소란스러웠다. 한 형사가 찾아와 등치 좋은 부전스님의 멱살을 잡아 담벼락에 밀어붙이고 닦달을 하고 있었다. 마침 주지스님도 시내에 볼 일이 있어 출타 중이었고 그녀도 암자에 없었다. 주지스님이 누가 와서 물어도 아무도 그녀를 본 적이 없다 하라고 단단히 일러두었으므로 모두들 그녀에 관해 시치미를 떼고 있었다. 그런데 그녀의 뒷방 앞에 있는 굽 높은 구두에 온통 신경이 쓰인 부전스님이 형사와 이야기하다가 어슬렁어슬렁 뒷짐을 지고 방 뒤쪽으로 가서 그녀의 구두를 감추다가 형사에게 들킨 것이었다.

 "이거 범인 은닉죄요. 당신 경찰서로 갑시다."

 고시생 박씨는 법률용어를 써가며 형사에게 봐달라고 사정사정하게 되고, 조용하던 산중은 큰 난리를 겪게 되었다.

 "오늘 여기에 형사들이 잠복하고 있으니 그녀는 곧 잡힐 것이오. 스님은 나중에 호출할 테니 그리 아시오."

 부전스님은 그 후 방에 틀어박혀 끙끙 앓았고, 주지스님은 들은 척 만 척 코만 훌쩍거리면서 작은 붓으로 글씨만 쓰고 있었다. 행자가 부전스님을 찾아가 무릎을 공손하게 꿇고 공양을 하자고 해도 꼼짝도 않고 국방색 담요를 덮어쓰고 한숨만 길게 쉬고 있었다.

"여우꼬리를 쫓다가 호랑이 굴로 들어간다 했는데 내가 그 꼴이네 그려."
"그래도 공양은 해야지요."
"나중에 먹지요."
그리고 담요를 뒤집어 써버렸다.

그해 모질게 추웠던 겨울이 흘러갔다. 노란 산수유에 이어 진달래까지 거북바위 틈새에서 듬성듬성 필 무렵 주지스님께서 스님 둘과 행자 둘을 조용히 자신의 방으로 불렀다. 벽장 속 깊은 곳에 묻어 두었던 곶감과 강정 그리고 스님이 제일 아끼시는 찹쌀떡까지 내놓고 생강차를 마셨다. 실로 오랜만에 들어와 보는 주지스님 방이었다. 다 먹을 무렵 스님은 잔주름이 서너 줄 더 잡혀 있는 눈가에 미소를 지으며 말씀하셨다.

"모두들 지난 겨울이 힘들었지?"

넷은 말 대신 가볍게 고개를 끄덕였다.

"이 세상에는 공짜는 없다. 죄 짓고서 안 받을 재간이 없다. 부디 껍데기에 속지 마라. 몇 푼어치 안 되느니라."

누군가 훌쩍였다. 여우꼬리 잡다가 호랑이 굴에 들어갔다던 그 부전스님이었다. 그 스님이 일어나 주지스님께 큰절을 올리자 장판에 굵은 눈물이 뚝 소리를 내고 떨어졌다.

"좋지 않은 경험은 한 번으로 끝내라."

주지스님이 어깨를 가볍게 두드리자 끝내 참았던 울음을 터트리며 주지실을 나섰다. 춘풍이 가볍게 전나무를 스치고 법당 앞 백련은 제법 큰 봉오리를 맺었다.

소가 물을 마시면 우유가 되고,
독사가 물을 먹으면 독이 된다
- 법구경-

이 집 고구마를 누가 먹었는고?

통도사가 자리잡은 지형은 소가 누워서 되새김질을 하는 형국이라고 한다. 그래서 언제나 배가 부르게 되어 있어서 당시부터 부자 절이라고 소문나 있었다. 땅이 많아서 소출 많은 것을 최고로 칠 때이니 그럴 법도 하다. 절 안에 정미소도 있었고, 소도 키우고 있었으니 다른 절에서 부러워할 만도 하였다. 그렇다 보니 학인들은 항상 고단한 일상이었다. 봄이 되면 밭과 논일이 많았고 가을이면 가을걷이에 분주했다. 또 틈틈이 법당 중수가 있으면 기왓장을 올리는 울력도 해야 했다. 큰 사다리를 법당 지붕에 걸쳐두고 그 중간 중간에 서서 이어 받기로 올리는 그 일은 정말 중노동 중에 중노동이었다. 그 와중에도 장난꾸러기 스님이 바닥에서 두 장을 겹쳐 위로 올리면 중간에 선 이는 이러지도 저러지도 못하고 혼이 나기도 한다.

그런 힘든 일이 끝나면 가끔씩 산행을 한다. 쌀을 씻어서 준비하고 가벼운 알루미늄 솥과 고추장 등을 넣어가지고 영축산 정상에 오른다. 그곳에는 곤드레라는 산나물이 많아서 쌈을 싸 먹으면 천하일미가 부럽지 않다. 올챙이처럼 소복하게 한데 모여 사는 선방놀음을 하다가 때가 되면 모두가 뿔뿔이 여기저기로 흩어진다. 그것을 불가에서는 연기론緣起論이라고 점잖게 표현하는 데 조건적으로 이루어진 생명체와 그것들의 생활 양태에 관한 비유를 아함경에선 이렇게 표현했다.

"저녁 되면 뭇 새들 한 나무에 모여 자다가
 날이 새면 각자 어디론가 사라지네.
 우리 인생 또한 그와 같아
 만나고 헤어짐의 반복이라네."

초가을 어느 날 저녁, 9시가 넘어서 모두들 자고 있는데 젊은 스님 몇몇이 우리를 흔들어 깨웠다. 지대방에 맛있는 고구마가 있으니 먹고 자라는 것이었다. 눈을 비비며 그곳에 가보니 큰 고무 대야에 갓 쪄내온 고구마에서 김이 무럭무럭 나고 있질 않은가. 우리는 뜨끈뜨끈한 고구마와 함께 김치를 손으로 쭉쭉 찢어서 맛있게 먹었다. 먹새 좋던 종오스님과 그와 친한 몇

통도사 도반들과 울력을 마치고 나서 한컷.

몇 스님들이 지산 동네에 가서 서리 해온 것이라며 히죽히죽 웃었다. 이튿날 아침 공부를 마치고 날 즈음 교무스님이 반장을 찾았다. 마루에 불려 나가니 그 곁에는 어떤 처사가 화가 난 표정으로 서 있는 것이었다.

"어제 저녁, 이 집 고구마를 누가 캤는고?"

마루 뒷청에 먹다 남은 고구마 고무 대야를 가리키면서 교무스님이 목소리를 높였다. 곁에 서 있던 그 처사는 통도사라고 찍혀 있는 호미를 내 보이면서 굳은 얼굴로 서 있었다. 급한 김에 누군가가 호미를 빠뜨리고 온 것이었다. 그때는 사발이나 농기구 자루에 통도사라고 표시를 해 두어서 아무나 가져가지 못하도록 야무지게 해놓은 것이 그만 화근이 되었다. 그제야 도반 세 명이 엉거주춤 교무스님 앞에 가서 "죄송합니다, 용서해 주십시오." 하고 마루에 꿇어앉았다. 밭주인이 호미를 들고 종무소를 찾아 갔을 때는 단단히 벼르고 온 모양인데 스님들이 그렇게 용서를 빌자, "교무스님, 그만 됐습니다." 하면서 도리어 미안해하는 표정을 지었다. 그도 그럴 것이 통도사 주변 마을 사람들은 절 일을 워낙 많이 하기 때문에 하고 싶은 말도 많이 삼키며 살고 있는 형편이었기 때문이었다.

  교무스님이 돌아가고 나서 우린 킥킥거리며 호미를 놓고 온 스님을 놀려댔다. 잃어버리지 말라고 새겨둔 그 낙인이 도리어 범인을 찾게 된 단서가 되었으니 웃지 않을 수 없었다. 그래서 법구경에 소가 물을 마시면 우유가 되고, 독사가 물을 먹으면 독이 된다고 했던가? 같은 방에서 4년 동안 공부하고 자면서 온몸으로 부대낀 정든 도반들은 그저 내 추억의 한 모서리에 도타운 정만 고스란히 남기고 인생의 끝없는 여정 속으로 뿔뿔이 흩어져버렸다. 하지만 그들과 함께한 추억들은 영원으로 남아 지금도 잔잔하게 미소 짓게 한다.

뛰어난 스님이 떠난 선방의 빈자리는 자못 냉랭하기만 하다

차를 마시다 열반에 들다

   1972년 여름 결제는 보광전에서 지냈다. 통도사가 좀 덥긴 해도 8시간 정진이라 느려 터진 수좌에게는 살만한 곳이다. 그러나 무엇보다도 수행을 열심히 잘 하기로 이름이 나 있는 혜수스님과 함께 지낼 수 있다는 점이 큰 위로가 되었다. 혜수스님은 용맹정진 등의 수행으로 전 선방에 잘 알려진 분이었는데 직접 같이 살아보니 소문 이상이었다. 스님은 결제 내내 결가부좌를 하고 철야용맹 정진을 하였다. 때문에 낮에 졸긴 많이 했지만 시간을 빠뜨리는 경우는 없었다. 눈이 매우 나쁘고 삐쩍 말라서 다리가 흡사 황새처럼 보여서 왜소하고 볼품없게 느껴질 수도 있었지만 그의 내면 세계는 선지禪智로 가득 차 있었다.

외국여행이 자유롭지 못한 시절이었다. 한 번은 부산 불교신도회장이었던 김석배라는 거사가 태국을 방문하고 와서 찍은 영화를 상영한다고 해서 큰절에 가는 것에 대해 공사公事(결제중 사중에서 하는 회의)를 했다. 그 자리에서 혜수스님은 "매일 영화를 보고 있으면서 또 다른 것을 보러 가느냐?"며 대중이 모두 다 내려갔는데도 자신은 가지 않고 혼자서 죽비를 치며 공부하였다. 그는 망월사 춘성 조실스님 회상에서 많이 지내서였는지 가끔 거친 법담을 하기도 했으나 그 속에는 언제나 활발한 선지가 살아 숨 쉬고 있었다. 또한 그 속에는 자타를 경책하는 매서운 회초리가 숨겨져 있어서 어느 대중이든 혜수스님을 따르며 존경했다.

　당시엔 사찰 주변의 분위기가 관광객으로 북적거릴 때였고 그 노는 모습 또한 매우 소란스러웠다. 그래서 주말이면 보광전 앞 냇가까지 사람들이 들어와서 고기를 굽고 술을 마시며 심지어는 노래까지 하는 부류들이 있었다. 어느 날 그런 상황이 또 벌어졌다. 마침 월하스님 곁에서 시중을 들고 있었던 성철이라는 이름의 꼬마행자가 한 무리의 여자와 남자들이 넓적한 바위 옆 물가에서 먹을 것과 술을 펼쳐 보이고 있는 모습을 발견하자 급하게 혜수스님을 찾았다. 이 소년은 맹랑한 구석이 있어서 혜수스님도 그 행자를 좋아해 자주 장난도 치고 같이 놀기도 많이 하였다.

맨 뒷줄 오른쪽에서 첫 번째 승려가 서울 육조사 현웅선객이고, 그 다음이 본인이며, 내 곁에 서 있는 스님이 바로 일등 수좌인 혜수스님이다.

"스님, 스님! 스님은 발가벗고 저 여자들 있는데 갈 수 있어요?"
"응, 못할 거 없지. 그게 뭐 그리 어려운 일이라고."

그리고 길가에 옷을 훌훌 벗어던지고 태연하게 그녀들 앞에 가서 왔다 갔다 하니 금방 봇짐을 싸들고 달아나버렸다. 그 모습을 보고 성철행자는 손뼉을 치며 깔깔대고 웃고 있었다. 그는 차별하는 마음과 분별하는 마음에서 온전하게 떠났으며 오직 진리의 세계에 머물고 있는 듯 보였다. 그런 그였지만 한동안은 공부에 큰 진척이 없어서 해인사에 살 때는 대중이 마시는 돌 수곽에 들어가 목욕을 하기도 했고, 탁자 밑에 숨어서 일주일간을 꼼짝 않고 견디기도 했단다. 왜 그랬냐고 물어 보았더니 공부가 되기 위해 좀 더 큰 자극을 받기 위해서 그랬다고 했다. 그의 끊임없는 정진 일화는 구참선객이라면 누구나 다 알고 있을 정도다. 그는 늘 번쩍이는 지혜로 선원의 분위기를 훈훈하게 데워주었다.

어느 해 해제 때 밀양 표충사 객실에 들게 되었는데, 지금의 수도암 선원장인 원인스님 등 객승 5,6명이 함께 있던 자리였다. 누군가가 그냥 이렇게 앉아 있을 것이 아니라 내원암에 계시는 해산 조실스님께 인사도 드릴 겸 법문을 들으러 가자고 제안해서 함께 가게 되었다고 한다. 그곳에서 그들은 큰스님의 수행담을 들으며 우유를 마시고 있었는데 갑자기 혜수스님이 찻잔을 놓고 비스듬히 누워버렸다. 대중들은 혜수스님이 큰스님과 무슨 법담을 나누는 모양이라며 한참을 그냥 바라보기만 하였는데, 혜수스님은 그 길로 영영 일어나지 않았다. 서른여덟 살의 아까운 나이에 일등 선객은 그렇게 사바와의 인연을 끝맺었다. 통장 하나 없는 그야말로 무소유의 스님이라 그때의 대중들이 주머니를 털어서 다비茶毘 | 불교식의 화장 | 를 준비했고 수의는 해산 노스님이 준비해 두었던 것을 입고 갔다. 그런 혜수스님이 어느 날 나에게 편지 한 장을 써주길 부탁한 적이 있었다.

달을 닮은 남자들

"월산 조실스님! 석굴암 부처님은 삼천 대천 세계의 중생들을 위해 설법하고 계시건만, 스님은 지금 어떤 사람을 위해서 법문하고 계십니까?" 하고 써 보낸 적이 있고, 월하스님께 해제 법문 때 촛대를 던지며 법거량을 하기도 했다. 그런 뛰어난 스님이 떠난 선방의 빈자리는 자못 냉랭하기만 하다.

깨진 수레 굴러갈 수 없듯 늙은 몸, 마음 닦기 어렵다네
헛된 이 몸, 죽은 뒤에 다음 생을 어이하리, 생각하면 급하고 급하구나
- 원효 -

비우면 비울수록 그곳에 행복과 기쁨을 가득 채우는
커다란 빈 공간이 생긴다

달을 닮은 납자들

　　　　　　봉암사는 운수납자의 고향이며 승려들의 쉼터였다. 행각을 하다 지치면 누구나 그곳에 걸망을 내려놓고 기력이 회복될 때까지 마음 편하게 쉬었다 가곤 했다. 그런가하면 선원에 다니다가 몸이 아프면 희양산에 의지해서 약탕기를 걸어두고 재탕, 삼탕을 눈치 보지 않고 마냥 달일 수 있는 처소 또한 봉암사였다. 지금은 그러하지 않지만 70년대 초, 중반에는 어떤 승려도 심신이 고단하면 이곳에 와서 푹 쉬어갈 수 있는 그런 도량이 되어주었다. 무거운 등짐을 지고 다니다가 지게 막대기를 받쳐놓고 한숨 돌리고 갈 수 있는 어머니의 품속 같은 곳이 바로 봉암사였다.

선객들을 선객답게 다듬어주는 선불장 그대로인 봉암사. 새벽예불을 마치고 가물거리는 촛불 앞에서 삼매에 들게 되면 신심이 맑고 가벼워지면서 허리는 더욱 더 곧추세워진다. 이윽고 단전丹田이 후끈거리면 화두가 단단해지면서 화두 속에 내가 빠지고, 그것이 점점 커져 희양산 전체가 하나가 된다. 알 수 없음의 세계가 지속되어가는 순간은 호흡조차 멈추고 싶어진다. 행여 이렇게 좋은 상황이 달아나버릴까 염려스럽기 때문이다. 가장 초보적인 단계인 이런 상태에만 들어가도 오욕락五慾樂은 침입할 곳이 없게 된다.

선이 조금씩 무르익는 이때쯤 되면 선객으로서의 당당한 긍지가 생기게 되고 웬만한 유혹에도 마음이 요동치지 않는다. 그러다가 산창山窓이 뿌옇게 밝아지기 시작하면 마치 납자들이 표현 못할 선의 기쁨들을 아름다운 노래로 대신 불러주듯 꾀꼬리를 비롯한 온갖 산새들이 경쟁하듯 지저귀기 시작한다. 이윽고 방선 죽비가 '딱' 하고 울리면 좌복에서 천천히 일어나서 문 밖으로 나온다. 상큼한 아침 안개가 건너 산 허리에서부터 서서히 내려오고 선객들은 긴 호흡으로 그들을 폐 깊숙한 곳까지 들이마시면서 옥석대로 천천히 걸어간다. 그러면 선원 아래쪽에 있는 후원에서는 '따다다' 하는 나무 타는 소리와 함께 검은 연기가 뭉실뭉실 올라와 아침 안개와 만나 반야

계곡을 맴돈다. 옥석대 가는 길에 쪼그려 앉아 그곳에서 손을 씻고 마애불상을 향해 반배하고 내려오면 아침공양 시간이 된다. 납자의 하루는 그렇게 시작된다.

여름철에는 새벽과 오전 정진이 제일이다. 맑은 기운은 많고 더운 공기는 적기에 그렇다. 그 어떤 번민의 꼬리조차 찾을 수 없는 삼매가 지속되고, 입안에 고인 침이 꼴딱 위장으로 넘어가면 위장 속에 가득 채워진 무쇠 같은 번민들이 스스로 녹아버린다. 하여 텅 비어버린 위장은 맑은 기운을 듬뿍 흡수하게 된다. 분별과 시비 등 허튼 망상들을 털어내고 비워진 마음 그릇에 담긴 그 청량함의 느낌. 그때야말로 생명에 대한 끝없는 경외심과 살아있음에 대한 감사의 생각이 맑은 흰구름처럼 뭉게뭉게 일어난다.

이렇게 3개월의 기간을 채우고 마치는 해제날의 전야 음력 7월 나알 는 그야말로 선객의 시간이다. 그동안 쌓아온 삼매의 맑은 기운에다 마친다는 해방감과 또 다른 곳을 향한 설렘으로 구멍 없는 피리로 태평가를 부르는 심정이다. 모두들 말끔하게 삭발을 하고 목욕을 깨끗이 하고 나면 이 방 저 방에서 덜그덕거리며 다림질의 손길이 바쁘다. 그날 저녁은 으레껏 찰밥 등의 특식이 제공된다. 맛있는 공양을 마치고 나서 새 옷으로 갈아입고 달이 뜨기를 기다려 옥석대로 향한다. 이제 이 밤이 지나면 누구는 제주도로, 누구는 남해안으로, 누구는 동해안으로 저마다 떠나갈 것이다. 백년 노송이 구부정하게 굽은 숲 사이로 달빛이 어리고 뜻을 같이 하는 사람들이 유리알처럼 깎은 까까머리에 달빛을 이고 걷는다. 옥석대를 흐르는 물줄기도 달빛을 안고 무심한 듯 그저 흘러만 간다. 온통 밤이 달이다. 달은 납자들을 따라 나서고 납자들도 달빛을 따라 나서서 누구 할 것 없이 산등성이를 넘어간다. 해제 전날의 납자와 달과 그 달빛, 도천스님은 이런 모습을 다음과 같이 표현했다.

"정야장천일월고 靜夜長天一月孤
고요하고 맑은 밤 하늘에
두둥실 뜬 보름달이로구나"

많은 사람들은 채우려는 공부를 하고 있으나, 선객들은 비우고 또 비우는 공부를 하는 것이다. 비우면 비울수록 그곳에 행복과 기쁨을 가득 채우는 커다란 빈 공간이 마련되는 것을 세상 사람들이 어찌 알겠는가? 비우는 공부를 하는 사람만이 알 수 있는 기쁨이다. 선에서는 그것을 선열락禪悅樂이라 부른다.

탐욕은 눈을 멀게 하고 무욕은 눈을 뜨게 한다네

독초의 위력

　　방산굴方山窟은 월정사 조실이던 탄허스님 주석처의 이름이다. 오대산 근처에는 산삼이 많이 있어서 산삼 캘 때가 되면 심마니들이 월정사를 많이 들락거린다. 탄허스님께 산삼 감정을 받기 위함이다. 그때는 지금처럼 여러 가지가 체계화되어 있지 않아 산삼 전문 감정소가 없던 시절이었다. 그래서 유명한 한의사나 그 방면에 조예가 깊은 분을 찾아가서 삼의 종류나 나이 등을 대충 감정받아서 거래를 했는데 그 방면에 탄허스님이 일인자로 소문이 나 있었다. 그래서 산삼 몇 뿌리를 감정해 주면 그 대가로 산삼 한두 뿌리를 선물받아서 자시곤 해서인지 얼굴에 항상 홍조를 띄고 있는 건강한 모습이었다. 그래서 스님은 120년을 산 조주선사보다도 10년은 더 살 것이라고 호언장담을 했었는데 정작 아흔 살을 넘기지 못하셨다.

어느 해 가을, 북대에서 같이 살던 도반이 볼 일이 있어 월정사에 들렀다가 주지실 방 앞마루에 작은 상자가 놓여 있어서 무엇인가 하고 열어 보니 산삼 한 뿌리가 담겨져 있는 것을 발견하였다. 그 스님은 시퍼런 돌이끼에 둘려 싸여 있던 것이라 제 모습대로 돌려놓으려다 제대로 되지 않게 되자, 그것을 얼른 먹어버리고는 부리나케 올라와 버린 것이다. 본인의 말에 의하면 산삼 먹은 효과를 굉장하게 보았다고 하면서 그때부터 산삼 예찬론자가 되어버렸는데 나중에 알고 보니 월정사의 한 말사 주지가 큰스님께 산삼 감정을 받으러 주지실에 들어간 사이에 일어난 일이었다. 결국 누가 먹었는지도 알게 되었지만 거위 뱃속에 들어간 구슬처럼 내어놓을 수 있는 일이 아니라서 웃고 지나갈 수밖에 없었다. 그 도반은 그렇듯 용감함(?)이 상당한 선객이었다.

북대에 둘이서 살다보니 당귀 밭도 매야 하고, 가을이면 장작도 준비해야 하다 보니 자연스럽게 마을 사람들과 얼굴이 익게 되었다. 월정 삼거리에 있는 단골 모녀도 그런저런 허드렛일을 하다가 친해지게 되었는데 산중 사람이라 매우 순박하고 진실한 사람들이었다. 그들은 언제나 모녀가 함께 와서 일을 하곤 했는데 어느 날은 생각보다도 일이 좀 늦어져서 하루를 더 하게 생겼다. 그때 마침 처녀의 어머니는 이튿날 동네잔치에 꼭 참석해야 한다고 혼자서 내려가고 딸은 내일 남은 일을 마저 하고 내려오라고 했다. 그녀는 시골에만 살아서 순진하고 예뻤다. 오동통한 몸매에 눈이 서글서글해서 누가 보더라도 마음이 좋고 착하게 생겨서 호감을 갖게 하는 그런 모습이었다. 그렇다보니 산삼 먹은 그 용감한 도반이 또 한 번의 용감성을 그녀에게 발휘하게 되는 일이 생기고 말았다. 그녀 역시 멋지게 생기고 돈도 잘 쓰고 먹을 것도 넉넉한 스님에게 평소 꽤 호의를 보이고 있었던 차였다. 그녀의 어머니도 평소에는 말수가 적지만, 말을 할 때면 수행이 어떻고, 공부는 어찌해야 된다는 등의 공자 같은 말만 하던 스님을 믿었던 모양인데, 늑대의 마음을 감추고 있는 줄은 몰랐던 것이다.

문제는 그 후에 일어났다. 가을이 되어 당귀를 캘 무렵 그녀가 자꾸 이상한 눈짓을 하며 보채게 되자 스님은 내려가서 공부해야 되겠다며 아예 상원사 선방에 결제를 하게 되었다. 그런데 어느 날 오후에 나무하던 처사 한 사람이 일을 마치고 내려가면서 그 스님에게 작은 종이쪽지 하나를 건네주었다.

"스님요, 나 스님 무척 보고 싶어요. 이걸 받고 안 올라오시면 참미나리 독풀 뜯어먹고 죽고 말겁니다. 알아서 하십시오."

스님은 그 편지를 받고 당혹스러워했다. 결제 중이라 자리를 비우고 자고 오면 쫓겨나던지, 아니면 큰 경책을 받을 것이 분명한 일이나, 안 올라가려하니 만일에 말 그대로 독풀을 먹고 죽어버리기라도 하면 그것 또한 작은 일이 아니었다. 문제는 독풀로 그냥 으름장을 놓은 것이 아니고 어릴 때부터 산골에서 자라다보니 산나물 이름이나 독풀, 독버섯을 귀신도 못 따라갈 정도로 잘 안다는 것을 아는 스님으로서는 은근히 걱정이 아닐 수 없었다. 그래서 결국은 북대에 올라가서 하룻밤을 유하고 오는 용감성을 또 발휘하였다. 하지만 꼬리가 너무 길었던지 이튿날 그는 대중 앞에서 삼배의 참회를 하게 되는 곤욕식을 치르고 말았다.

이후 나는 호주로 가서 살게 되면서 그 스님과 서로 왕래가 끊어졌는데 축서사 북암에 머물고 있을 때 연락이 닿았더니 당장 온다는 것이다. 다음 날 큰절에 가서 점심공양을 하고 있는데 비구, 비구니가 한 스님을 양쪽으로 부축하고 오는 것이 아닌가. 가만히 보니 용감했던 바로 그 도반이었다. 그전부터 눈이 좋지는 않았지만 이렇게까지 심하지는 않았는데 거의 두 눈이 보이지 않게 되었단다. 병 이름이 '망막색소변형'이라고 하면서 눈이 안 보여도 활달한 것은 여전했다. 북암으로 넘어서는 오솔길에서도 덤벙덤벙 잘도 걸었다. 눈이 안 보이니 이곳저곳 다니지 않게 되어 수행하기에는 더 없이 좋다며 기개가 당당한 그 스님은 자기 있는 절에서 새벽 도량석도 하고 종송도 직접 한다고 한다.

산삼도 많고 독초도 많은 오대산 생각이 나자 점잖지 못한 글이 나오고 말았다. 만일 그 도반이 눈이 멀지 않았다면 이렇게 남의 이야기를 쉽게 쓸 수 있을 것인가? 그러나 그 스님은 이 정도의 자기 이야기는 열 가지라도 받아줄 수 있는 성향이 있음을 내가 잘 알고 있기에 마음 놓고 써 본다. 지금도 가끔씩 나에게 점자로 전화가 온다.

이 세상을 살다보면 수많은 자취를 만들고,
스쳐간 처소와 사람들과 적지 않은 인연을 맺게 된다

옷으로 고생하다

 승가대를 졸업한 후 선원에서 여러 철을 보낼 때가 있었다. 여름 해제解制가 끝나고 산散철[해제와 결제 사이] 기간 동안 진주 의곡사에서 지낼 때이다. 당시 의곡사 주지는 법성스님이었고, 같이 공부했던 스님이 법륜스님이었다. 나는 법륜스님과의 인연으로 의곡사에 잠시 머물게 되었다. 그곳에 살게 되면서 연화사 포교당에서 봉행된 운허 대강백의 능엄경 강의를 듣게 되는 행운을 가졌다. 운허스님은 강의 중에 군더더기 말씀이 전혀 없었고 논리가 정연하고 이사理事가 원융하여 전혀 틈새가 없는 명강의였다. 스님은 춘원 이광수의 동갑내기 4촌동생이었다. 훌륭한 집안에서 걸출한 인재가 나오는 것은 선대에 심은 인과가 유전적으로 크게 작용하고 있음을 여실하게 알 수 있는 한 단면이라 하겠다.

이 세상에서 살아가려면 사는 동안 수많은 자취를 만들고, 스쳐간 처소와 사람들과 적지 않은 인연을 맺게 된다. 그 중에서 아주 잠시를 보냈어도 결코 잊을 수 없는 추억을 가지게 되는 곳이 있는데 내게는 진주 의곡사가 그러한 곳이다. 하루는 흰 수염이 많고 길게 난 어떤 거사가 주지실에 와서 하는 말이 "옻 즙을 잘만 먹으면 위장이 찬 스님들에게 그보다 더 좋은 것은 없다"고 하면서 자신도 그 전엔 비위가 약해서 소화가 잘 되지 않았는데 그 약을 먹은 이후 보시다시피 지금은 이렇게 건강하게 되었노라고 했다. 그 말을 듣고 그의 얼굴을 자세히 쳐다보니 홍조를 띤 번들번들한 얼굴이 광채를 띠운 듯 빛나고 있었다. 그 말을 들은 주지스님을 비롯하여 모두 네 명이서 함께 그것을 먹기로 작정을 했다.

　그곳은 지리산이 가까워서 양질의 옻 즙을 쉽게 구할 수가 있었다. 옻 즙 원액 한 숟가락 정도를 계란 노른자와 섞어서 하룻밤을 묵힌 뒤 그것을 꿀꺽 삼키면 된다는 것이다. 우리는 그 흰 수염의 거사가 시키는 대로 일시에 옻 즙을 마셨다. 그런데 다른 세 스님은 별탈 없이 끝났는데 나는 온몸에 옻이 울긋불긋 솟아서 정말 죽을 지경이 되었다. 세상에서 가장 가려운 병이 옻과 옴이라고 하는데 그 악명높은 옻이 오른 것이다. 옻이 오르면 방에 불을 많이 때고 옷을 최대한 많이 벗고 뜨거운 방바닥에 뒹굴어야 덜 가렵다

여름 해제解制가 끝나고 산철 기간 동안 진주 의곡사에서 지낼 때의 사진이다. 절 입구의 석축공사를 마친 기념으로 사진을 찍었다.

고 해서 그렇게 해 보았지만, 덜하기는커녕 가려워서 미칠 것만 같았다. 가려움증에 잠도 못 자고 잠을 못 자니 자연 식욕이 떨어져서 하루종일 기진맥진했다. 그렇지만 주사를 맞게 되면 옻 약효가 떨어진다고 해서 그렇게 할 수도 없었다. 특히 귀와 목 부문이 많이 헐어 진물이 베개에 달라붙으니 불편하기가 이만저만이 아니었다. 낮에는 많이 가려워도 억지로 참을 수 있었는데 자면서는 그럴 수가 없었다. 잠깐 잠이 들어 잠결에 가려운 곳을 긁어보면 그 시원함이 극락세계에 사는 것보다도 더 시원하였다. 그렇지만 긁고 난 뒤엔 말할 수 없이 심하게 헐어 진물이 고여 흐를 정도였다. 그렇게

113

25일이나 죽을 고생을 하다가 결국은 견디다 못해 주사를 맞고 치료를 끝내고 말았다.

　몸이 약한 사람이나 몸에 병이 있는 사람들은 어떤 사람이 뭘 먹고 나았다는 말만 들어도 솔깃하여 실천에 옮기게 되어 있다. 나도 그런 사람이었는지라 좋다는 것을 많이 해 보았다. 몸에 좋다고 해서 단식도 세 번이나 해 보았고, 생식도 한 50일쯤 하다가 그만둔 경험이 있었다. 쥐눈이콩이 좋다 해서 10년을 들깨와 함께 먹어보았지만 별로 효과를 보지 못한 적도 있었고, 또 묵언수행이 좋다고 해서 6년이나 묵언수행을 한 적도 있으니 부실한 부분이 좋아지길 희망하는 인간의 마음은 끝이 없는 것 같다. 옻으로 고생한 진주 의곡사에서의 한 점의 기억이 운허스님께 들은 능엄경 강의와 함께 생생한 추억으로 내 마음 한켠에 고스란히 배어 있다. 여하튼 지금도 몸에 좋다는 건강식과 약품들이 셀 수 없을 만큼 쏟아져 나오고 있는데 내가 지금까지 경험한 바로는 평소에 음식을 골고루 먹는 것이 건강에 제일 좋은 것은 확실하다.

백년이 금세 다가오니 어찌 공부하지 않으며,
일생이 길지 않으니 어찌 게으름을 피우며 지낼까

반고굴에서의 김밥

반고굴磻高窟은 영축산 중턱에 자리한 큰 바위굴이며, 원효의 외침이 서려 있는 곳으로 유명한 곳이다. 이곳을 지나게 되면 바로 밀양 땅이라 70년대 초까지도 밀양에서 통도사 앞 신평 장날까지 이 산을 넘어오는 사람들이 더러 있었다. 20리는 훨씬 넘는 그 험한 산길을 물건을 이고 지고 오가는 사람들. 생명을 부지함엔 이처럼 치열한 노력이 요구되기 마련인가? 그 옛날엔 산적들이 이 굴 속에 살면서 장보러 오가는 사람들의 쌈짓돈을 털었다는 얘기도 있고, 신라시대에는 원효대사가 이곳에 머물면서 그 유명한 '발심수행장發心修行章'이란 글을 지었다고 전해오기도 하는 곳이다.

강원의 3학년 과정을 마치면 반고굴에 가서 원효의 혼도 만나고, 점심도 맛있게 해먹고 오는 정해진 소풍 코스가 있다. 이른 봄 3월, 큰 냄비 2개와 라면 그리고 몇 개의 김밥을 싸들고 그곳으로 향했다. 돌고 또 돌고, 오르고 또 오르는 그곳은 한나절이 걸려서야 도착할 수 있을 만큼 만만한 거리가 아니었다. 큰 바위 밑을 뚫어서 만든 그 굴은 큰 방 2개 정도의 제법 넓은 공간이었다. 때마침 굴 안에 큰 얼음덩어리가 있어서 그걸 녹여 라면을 끓이고 숭늉을 만들었다. 산길을 힘들게 걷고 난 이후에 먹는 음식들의 맛은 시장이 반찬이기도 하지만 이 세상에서 제일 좋은 식사인 것만은 틀림없다. 게다가 이곳은 1400여 년 전의 원효의 숨소리가 담겨 있는 곳이 아닌가.

 반고굴磻高窟
경상남도 양산시 호계동에 있는 반고굴은 원효대사가 수도하던 굴이다.
1979년 5월 2일 경상남도 유형문화재 제96호로 지정되었다. 호게리 월전미을 뒤 산중턱에 있는 큰 바위의 남쪽 면에 높이 220㎝, 대좌 높이 320㎝의 불상이 새겨져 있다.

 발심수행장發心修行章
신라의 원효元曉가 출가 수행자를 위하여 지은 발심發心에 관한 글.
발심이란 처음으로 부처될 마음을 일으키는 것을 말하는데 원효는 첫째, 애욕을 끊고 수행 정진할 것. 둘째, 참된 수행자가 될 것. 셋째, 부지런히 닦을 것을 당부했다.

원효의 발심이 깃든 반고굴에서 김밥을 먹었다. 1400년이나 지나고도 원효의 가르침은 반고굴에서 여전히 간절하게 울리고 있다.

원효는 자기가 지은 발심수행장發心修行章에서 반고굴의 정취를 이렇게 털어놓았다.

"메아리 돕는 바위굴을 염불당으로 삼고
슬피 우는 산새들의 노래 소리로
마음의 벗을 삼으리."

반고굴에서 원효는 크게 아미타불을 염불하면서 전쟁으로 고통 받는 백성들의 마음을 달래기를 발원했고, 아무도 없는 적적寂寂 산중에서 아침저녁으로 지저귀는 뭇 산새들의 재잘거리는 소리로 그들과 눈물로 감정을 교류했을지도 모를 일이다. 그러면서도 사람들에게 수행을 권하는 경책을 남겨두는 것을 잊지 않았다.

"삼일동안 닦은 마음, 천년의 보배가 되고
백년동안 탐한 재산, 하루아침에 티끌이 되리라"

천하의 명문장이 아닐 수 없다. 원효의 설법은 이처럼 힘과 기개가 넘치는 반면, 내용 또한 간결하고 풍성하다. 그리고 군더더기 없이 따뜻하다. 우리나라 역대의 많은 고승들의 저서 속에는 대개 중국 선사들의 말을 인용하거나 조금씩 고쳐 서술한 경우가 많은데 원효는 그런 전적을 조금도 따르지 않았다. 그 당시 신라의 승려들은 너도나도 앞다투어 당唐나라에 가서 공부하고 돌아와 조정이나 사회로부터 큰 환대를 받곤 하였다. 그런 시대에 중국행을 포기한 것만 보아도 원효의 탁월한 개성과 독창적인 의지를 엿볼 수가 있다. 그만큼 그는 뛰어난 도인이요, 수행자였기에 콧대 높던 중국의 고승들조차 원효가 지은 '대승기신론소'를 보고 참고서를 삼을 정도였으니 가히 그의 높은 실력을 가늠해 볼 수 있는 한 대목이 아닐 수 없다.

원효는 이미 가고 없지만 그가 간절하게 외친 사상은 21세기에 들어선 지금도 생생하게 살아 있어 세계의 수많은 학자들이 원효사상을 새롭게 조망하고 연구하는데 매진하고 있다. 시공을 초월한 법法과 깨달음道, 그것을 찾기 위한 길은 여전히 같지만 다만 다른 것은 당시에는 실질적 수행에 힘쓰는 시대였고 지금은 형식적 흉내를 내는 것이 다를 뿐이다.

"아, 반고굴이여! 원효대사여
시간에는 '옛'과 '지금'이 있지만
법에는 멀고 가까움이 없으며,
사람은 어리석고 지혜로운 이가 있지만
도道에는 본래 성쇠가 없다"

수행자가 귀하고 좋은 것을 바라면 그만큼 빚이 더 많아져서,
수행의 짐을 무겁게 할 뿐이다

자장동천慈藏洞天의 여름

　　자장동천慈藏洞天은 통도사 학인들에게는 유일한 안락처이다. 그때만 해도 일반 신도들이 사찰 내 깊숙한 곳까지 드나들지 않았고, 사문沙門들 역시 시내로 나가는 자체를 꺼려했다. 개인적으로 필요한 물품은 종무소 시자가 수첩과 펜을 들고 와서 주문을 받으면, 각자가 필요한 것을 시자에게 요청하였고 그 비용은 각자가 부담했다. 지금은 모두가 어렵다고 해도 먹고 쓰는 것이 풍부해서 수행에 도리어 방해가 될 정도이다. 심지어 어떤 선원에서는 먹는 우유조차도 식성이 달라서 요구하는 각자의 것을 모두 챙겨두다 보니 냉장고가 비좁기까지 하다는 소리를 들었다. 무엇이든 몸에 제일 좋은 걸 먹어야 수행이 잘 된다는 웃지 못할 이론인데, 기한飢寒발도심發道心(먹을 것조차 없는 추운 한 겨울에 오히려 깨달으려는 마음이 더 일어남)이 수행에는 오히려 딱 맞는 말임을 절감해야 할 것이다. 진실로 인과因果의 원리를 분명하게 이해하고 믿게 되면 지나치게 좋고 값 비싼 것은 저절로 사양하게 되어 있다. 수행자가 귀하고 좋은 것을 바라면 그만큼 빚이 더 많아져서, 수행의 짐을 무겁게 할 뿐이다. 자신이 머무는 자리가 참 수행과의 거리가 자꾸 멀어지고 있다면 모처럼 인생의 대사를 위해 출가한 참뜻이 퇴색되니, 납자는 자신이 머물고 있는 자리를 항상 잘 살펴보아야 한다. 이렇듯 잘못된 발상과 의식을 가진 납자들을 보면 참으로 안타깝기만 하다.

고속도로가 통도사로 이어지게 되고 사회가 물질적으로 풍요롭게 발전되다 보니 사찰의 분위기도 따라서 어수선하게 되었다. 그래서 우리가 찾는 곳은 늘 절 위쪽의 산이나 계곡이었다. 시내에 허락 없이 나가게 되면 자칫 강원에서 살 수 없게 되는 경우도 생긴다. 그때 우리는 가끔 물 맑고 청정한 계곡에 올라 상추전 파티를 하곤 했다. 자장암 안쪽 계곡은 물이 맑고 시원할 뿐만 아니라 인적이 끊긴 곳이어서 머리 깎은 초급생 승려들이 놀기엔 최적지로 각광받았다. 계곡에 가면 우리 반 여러 스님들이 둥그렇게 둘러앉아서 돌아가면서 하나씩 노래를 했는데 난 해운대 엘레지를 그럴듯하게 부른 것으로 기억에 남아 있다. 당시 우리 스님들은 나와는 나이 차이가 좀 나지만 친하고 허물없이 지냈다. 계곡에 같이 갔던 스님 중에 기억나는 분은 지금 구미 남화사南華寺 주지로 계신 스님이다. 어릴 때부터 절에서 살

자장암 안쪽 계곡은 물이 맑고 시원할 뿐만 아니라 인적이 끊긴 곳이어서 머리 깎은 초급생 승려들의 놀이터로 각광받았다.

아서 그런지 착실하기 그지없다. 그가 금오산 해운사海雲寺에 살 때, 마침 박정희 대통령이 그 절을 지나가게 되어 있었다. 수행원들이 일체 밖에 나오지 말라고 사전에 당부하는 것을 그 스님이 "어찌 그래서야 되겠는가?" 인사를 드리겠다 해서 그 뜻이 받아들여졌다. 수행원들은 다만 "그렇다면 아무 말도, 행동도 먼저 하지 말라"는 조건을 달고 마중을 나갔단다. 수행원의 당부도 있고 해서 그 스님은 한일자로 입을 꾹 다물고 있었는데 대통령이 먼저 손을 내밀면서 "이 절에 사느냐?"고 물어서 "그렇다"고 대답했단다. 그러자 대통령이 그 스님에게 "절이 절 다워야지." 하고 한마디 하시는 바람에 해운사 전체를 전부 새로 짓게 되는 전기를 마련했다고 한다.

또 한분 생각나는 스님은 설곡이란 승려로 나와 아주 가까운 사이였다. 그가 대만 홍법원 원장으로 있으면서 대만문화대학에서 석사과정 공부를 하고 있을 때에 나도 중국말을 좀 배워 볼까하고 태백산에서 나와 그곳에 일주일간 머물렀었다. 그런데 대만의 높은 습기와 새벽부터 울리는 오토바이 소리에 그만 질려서, 홍콩을 경유해 호주에 가서 2개월간 머물게 되었다. 그후 호주 체류가 계기가 되어서 그로부터 15년간 호주에서 머물게 된 인연이 되었다. 그뒤에 그 스님은 영국 옥스퍼드 대학 박사과정에서 공부하다가 그만두고 귀국해서 지금은 청주 용화사龍華寺 수도원 원장으로 활발하게 포교에 임하고 있다.

우리가 살아가는 일생의 과정 속에서 무수한 사람과 만나고 헤어지지만 그 중에서도 유독 그 관계가 오래 이어지는 경우가 있다. 그 인연을 가만히 생각해 보니 피차가 서로에 대해서 이해하고 인정하는 인격적 만남이 수평을 이루고 있기 때문이었다. 만남에서 신뢰가 무너지면 멀어지게 된다. 그래서 화엄경은 "믿음은 도를 이루는 근원이 되며, 공덕을 짓게 되는 모태가 된다."라고 일렀다.

좋은 것은 많이 알수록 좋다.
노력한 만큼의 공력이 그 속에 묻어 있어 유사시엔 힘이 된다

팬티 입고 늴리리

출가 사문沙門은 잘 때에도 웃옷만 벗은 채 바지는 입고 자야 한다. 양말은 벗어도 되지만 장딴지에 차는 행전行纏이란 것은 질끈 동여맨 채로 자는 것이 원칙이다. 소위 비상대기다. 생사 해탈을 위해서 출가한 자가 두 다리 뻗고 잠을 자서는 안 된다는 의미와 함께 여럿이 함께 쓰고 공양도 하는 자리라서 청결을 위한다는 뜻도 내포되어 있다. 그런 그들이 벌건 대낮에 승복을 훌훌 벗어던지고 되지도 않은 불경한 포즈를 취했다. 아마도 이 사진을 그 당시의 어른 스님들이 보셨다면 크게 야단을 들었을 법한 고약한 사진이다.

승가대학 3년차 되는 해에 자장암 앞, 냇가에 소풍을 갔다. 전국에서 모인 20여 명의 수행자가 새벽 3시부터 일어나서 하루 종일 한 방에 모여 함께 공

밀짚 쓴 노장은 입적한지 이미 오래 되었다. 맨 앞에 웃통도 벗고 팬티만 입고 있는 스님은 구미 남화사 주지스님이다. 그 곁에 우스꽝스럽게 폼을 잡고 있는 승려는 고구마 서리 사건의 장본인이다. 나는 유별스럽게 머리에 수건을 두르고 있다.

부하고, 함께 공양하며, 함께 잠자는 그 공간을 벗어나는 일이야말로 오일장에 장 보러 가는 시골 꼬마들보다도 더 신나는 날이었다. 공부에 큰 진척이 없어 갑갑하던 마음까지도 자장동천 계곡물에 풀어놓고 상추부침을 구워먹으면서 놀이판을 벌였다. 겨울철 일등 공양감은 김과 두부이나 여름철에는 상추부침이 제일이다. 기다란 나뭇가지에 큰 양푼을 걸어놓고 장작을 때서 구워먹는 맛, 그것은 해보지 않은 사람들은 모르는 꿀맛이다.

자장암 앞 계곡에서 철부지처럼 노닐던 스님들 중 지금도 기억에 남는 스님은 몇 손가락을 꼽을만큼 희소하다. 기억의 흔적을 더듬어 한 분 한 분 돌이켜보면 밀짚 쓴 노장스님이 한 분 계셨는데 이미 입적하셨고 내년에 환갑을 맞는 구미 남화사 주지스님도 떠오른다. 그 스님은 계곡에만 가면 웃통도 벗고 팬티만 입고 씩씩하게 이것저것 스님들을 위해 음식을 차리기에 여념이 없었던 마음씨 좋은 스님이었다. 그밖에도 앞전에 고구마 서리하러 가서 통도사라고 찍힌 호미를 밭에 두고 왔다 들켜서 교무스님에게 혼이 난 스님도 기억이 나고, 승가대학을 졸업하고 지금도 선원에 다니는 안거증 많기로 자타가 인정하는 넘버원 선객 우담스님도 기억에 남는다.

　사실 그 당시에는 안거증이라는 게 없었다. 승려가 선원에서 정진했으면 그만이지 증서가 무엇 때문에 필요하냐는 취지에서였는데, 그 뒤 차츰 세속의 풍습을 따라 여러 가지 제도를 정비하면서 안거증 제도가 생겼지만 다른 스님들은 그것을 없애버리기도 하고, 신경을 쓰지 않아 잃어버리기도 해서 안거증이 많은 사람이 별로 없다. 하지만 그 스님만은 해제할 때마다 차곡차곡 모아 두어서 안거증이 제일 많았다. 안거증서의 많고 적음으로 중요 직책을 맡기로 했다면 아마도 총무원장은 벌써 했어야 했고, 조실 방장자리도 자기 차지라고 하면서 지금도 한바탕 웃는다. 그리고 오래 된 구참 승려들의 인적사항에 대해서도 박사급이다. 누구 이름이 나오면 그 스님 고향은 어디이고, 몇 살에 출가했으며, 언제 누구와 무슨 스캔들이 있었는지 성능 좋은 족집게처럼 척척 박사이다. 그래서 그 스님하고 같이 있으면 남이 이야기할 틈이 생기지 않는다. 언제 만나도 이야기꺼리가 마르지 않는 무진장의 샘이다.

남에 관한 이야기가 어느 정도 한계에 이르면 이번에는 한국에 있는 국보와 보물, 주로 탑이나 석등 등 문화재를 탐방한 이야기 보따리를 풀어놓는다. 스님은 국내의 사찰 문화유적은 거의 다 빠짐없이 둘러보았다고 한다. 때문에 '어느 곳에 있는 무슨 탑' 하면 국보 몇 호, 보물 몇 호 하면서 숫자까지 바로 답이 나온다. 그것을 통달하고 나서는 조선시대는 말할 것도 없고 삼국시대의 사건과 왕 이름까지 모조리 외게 되었다. 그것도 성에 차지 않자 눈을 밖으로 돌려 세계 각국 나라의 수도와 인구까지도 줄줄 꿰게 된 것이다.

몇 달 전, 그런 우담스님이 구마동에 사는 지인 스님 토굴에 왔다가 내가 근처에 살고 있다는 것을 알고 오대산의 각수스님과 함께 이곳 도리천까지 올라왔는데 40년 전과 똑같았다. 경상도 말을 약간 빠르게 하다 보니 전라도가 고향인 어떤 스님은 반 정도 밖에 못 알아 들을 정도였다. 그날도 잉카문명 어느 곳에 있는 세계문화유산을 찾아간 이야기를 했는데, 가는 도중에 가이드가 버스 안에서 이런 저런 이야기를 하던 중에 나라 이름도 모르는 3개 국가를 들먹이면서 그 나라의 수도를 알아맞히는 퀴즈를 냈다고 한다. 그러면서 이것을 맞춘 분을 아직까지 본 적이 없다고 했다는 것이다. 일행 가운데는 지리학을 전공한 교수를 비롯해서 그런 분야에 관심 있는 이들이 대다수였다는데 두 개까지 맞춘 이는 있어도 세 개는 모르더라는 것이다. 그래서 자기가 손을 들고 나머지 한 곳까지 알아 맞추었더니 모두가 박수를 치면서 놀라더라는 이야기를 재미있게 말해주었다. 그 뒤로 일행들이 그 스님에 대한 예우가 한층 더 격상되어서 여러 가지를 많이 얻어먹고 왔다며 어린애처럼 천진하게 웃었다.

"아는 것이 우환"이란 말도 있지만 "아는 것이 힘이다"라는 속담도 있다. 어떻든 좋은 것은 많이 알수록 좋다. 그렇게 노력한 만큼의 공력이 그 속에 묻어 있어서 유사시엔 힘이 된다. 힘닿는 대로 최선을 다해서 노력하는 것을 정진精進(힘써서 앞으로 나아감)이라고 한다. 우담스님은 지금은 용주사 선원에서 수행하며 지내는데 지금쯤 또 어느 나라 문화유산을 탐방하고 있을지도 모른다. 언제 보아도 어린아이처럼 순진무구한 스님이 또 도리천에 불쑥 찾아와서는 재미있는 이야기 한 보따리를 풀고 갔으면 좋겠다.

생사와 인생사 오고감이 모두 인연따라 이루어진다

걸망 속의 해골바가지

1972년 초가을, 영축산 등반길에 올랐다. 그때 나는 승가대학 강사를 하고 있었다. 그날 우리반 전원이 먹을거리를 싸들고 산에 올랐다. 떠날 때는 어디를 가나 언제나 가슴이 설렌다. 그때나 지금이나 사람들에겐 변화를 갈망하는 마음이 모두에게 내재되어 있어 늘 고정돼 보이는 현재의 자리에서 다른 곳으로의 이동을 꿈꾸는 것이 아닐까. 늙고 병드는 고통을 동반한 무상無常은 싫어하면서도 그 반대의 상황은 반기고 즐기려는 중생심의 이중성, 이 두 가지를 모두 함께 걸머지고 가더라도 걸림 없이 수용하려는 자세를 가꾸어 가는 것이 수행이 아닐까?

내가 승가대학 강사를 하고 있을 때 우리 반 전원이 먹을거리를 싸들고 산에 올랐다. 솥단지를 들고, 쌀을 지고, 긴 지팡이들을 짚고 백운암 근처에서 나름 멋진 포즈를 취했다.

먼 곳에 갈 때는 짐이 가벼워야 한다. 알루미늄 솥은 그래서 인기가 높다. 마침 영축산에서 가장 높은 봉우리 아래에는 맑은 물이 퐁퐁 솟아나오는 작은 샘물이 있다. 그 샘물을 볼 때마다 그 높은 곳에서도 물이 흐르게 되어 있는 자연의 이치에 새삼 감탄하곤 했다. 그 샘물을 믿고서 누구는 솥단지를 들고, 누구는 쌀을 지고, 누구는 '야호'를 부르며 앞다투어 올라갔고 뒤쳐진 몇몇은 백운암 근처에서 지팡이들을 짚고 멋진 포즈를 취했다. 안경을 끼고 솥을 들고 산에 오른 학인은 직지사 소속의 승려인데, 여러 모로 매우 훤칠하였다. 그 당시 명문 대학을 졸업하였다고 하였고, 희멀건 얼굴에 음성도 좋고 우렁차서 대웅전에서 선창 예불을 하면 그 큰 법당이 울렁거려서 벽안 노스님이 특히 그를 좋아하셨다. 그런 그는 언제나 걸망 속에 해골바가지 하나를 짊어지고 다녔다. 왕성한 혈기에 때때로 사회와 이성이 그리우면 그걸 매만지며 무상을 느끼면서 흐트러진 마음을 정리한다고 했다. 우리 반 승려들은 그런 그의 자세를 모두가 부러워하였다. 여성에게 그만큼 인기가 좋고 또 여러 가지를 골고루 갖춘 그였기에 말이다. 그가 승가대를 졸업할 무렵에 나는 제방 선원을 돌아다녔는데 내가 맡았던 학인들의 동정에 대해서는 간간이 귀동냥을 하면서 운수행각을 하고 있었다. 그로부터 십여 년이 더 흘러서 내가 통도사 서운암瑞雲庵에 있을 시절, 경주에서 일반 고속버스를 타려고 기다리고 있었는데 어떤 멋진 신사가 인사를 하는 것이 아닌가? 자세히 보니 그때 그 학인이었다. 그는 홍조 띤 얼굴로 뒷머리를 긁적거리면서 "이렇게 됐습니다." 하는 것이었다. 곁에는 예쁘게 차려 입은 젊은 여인이 가볍게 목례를 하며 서 있었다. 직지사가 사명대사와 인연이 많아 서산이나 사명과 같은 훌륭한 승려가 되겠다며 원효대사의 얼을 되새기며 걸망에 해골바가지를 넣고 다녔던 그는 결국 마른 해골바가지를 버리고 예쁘고 아름다운 살아 있는 여인을 택한 것이다.

"못된 나무 산 지키고, 어름한 중 절 지킨다."는 우스갯말도 있지만, 때로는 어중이 승려도 일주문을 떠나는 경우도 더러 있다. 절간에 오래 살다 보면 "저 스님은 평생 수행을 잘 할 것이다"라고 이구동성으로 평가받던 이가 어느 날 보면 양복을 입고 돌아다니는가 하면, 내일이라도 금방 나갈 것처럼 허둥대던 사람은 도리어 절 귀신이 되는 경우를 종종 보게 된다. "생사와 인생사 오고감이 모두 인연따라 이루어진다."는 말이 있다. 그러나 막연하게 모든 것을 인연의 원리에만 맡겨 버려 책임 회피나 빌미를 주어 버리기보다는, 우리의 삶이 역류보다는 순류의 삶의 길을 가도록 우리 함께 노력했으면 좋겠다.

역류와 순류의 분기점은 바로 분수에 넘치는 탐욕과 허세이다. 그것들을 버리고 스스로의 능력에 따라 성실하게 자신의 소임을 다하며, 한데 어울려 함께 웃음을 나누고 살아가는 슬기로움을 선善한 인연이라 부르며, 그러한 인연을 아름답다고 부르는 것이다. 헐떡이는 마음을 잠시나마 추슬러서 단 십분이라도 조용한 사유의 시간을 갖는 것이 자신의 삶을 참된 삶의 방향으로 인도해 주는 행복의 나침반이 된다. 텅 비어 있어 아무것도 없는 듯하지만 고귀한 생명 세계의 흐름이 주는 메시지에 가만히 귀를 기울이기만 한다면 행복은 저절로 찾아오는 것이다.

참 공부는 자각의 전환 세계이다.
타성에 젖은 인식의 큰 전환과 그에 걸 맞는 실천이 뒤따라야
참 공부이다

만담가 장소팔 형님

   천성산千聖山 내원사內院寺 계곡에서 활짝 핀 웃음의 꽃동산이 펼쳐졌다. 천성산은 이름 그대로 천명의 성인들이 한꺼번에 화엄경을 배웠다는 고명한 산이다. 그 산 너머 장안 쪽에 척판암擲板庵이라는 암자가 지금도 하나 있는데 그곳에서 불교 역사에 중요한 사건이 하나 터진다. 송나라 때 지은 고승전高僧傳[승려 찬녕贊寧 918~999의 저술]에 의하면 척판암 암자에서 선정 삼매에 들어 있던 원효가 혜안으로 살펴보니 중국에 있는 어떤 큰절에서 참선 중인 선원이 곧 무너지게 생겼는데 그것도 모르고 천여 명의 승려가 정진 중에 있는 것을 보게 되었다.

"저 사람들을 어떻게 구출할까?"

원효는 신통력을 발휘해서 큰 나무 판자 하나를 마치 고무풍선에 무엇을 달아 금강산으로 보내듯이 그곳으로 날려 보냈다. 공양주가 공중을 쳐다보니 무슨 이상한 물건이 절 마당 위에서 빙빙 돌아다니고 있었다.

"신기한 기적이 일어났습니다요. 큰방 스님네들요."

그가 놀라 소리치자 전 대중이 뛰쳐나와서 원효가 던진 판자를 구경하는 순간 선방이 쾅! 하고 무너져내렸다. 그러자 공중에 떠 있던 넓적한 판자가 땅으로 쿵! 하고 떨어지는 것이 아닌가. 그 뒷면에는 "이 판자를 던져서 대중을 구하노라!"는 '척판구중擲板救衆'이란 네 글자가 쓰여 있었고 그 아래 '해동원효'라고 적혀 있었다. 대중은 그 모습에 너무나 감격하고 놀라워 모두 봇짐을 싸들고 생명의 은인인 원효를 찾아 신라를 방문한 것이었다. 그때 판자를 던진 곳이 지금의 척판암인데, 그들이 이곳에 도착하자 자리가 너무 비좁아 그 뒤쪽의 산이 평평하므로 그곳에서 원효대사에게 큰 인사를 드리고 화엄경을 배웠다. 지금도 큰 평원의 화엄벌이 남아 있으며 원효의 설법을 들은 그들이 모두 큰 깨달음을 얻어 중국으로 돌아갔다고 해서 그 산 이름을 천성산이라고 부르게 되었다.

그러한 명지인 척판암에 근세의 무심도인이셨던 혜월선사慧月[~1936]가 주석했다. 스님은 경허스님*의 5대 제자 가운데 한 분으로 수월, 한암, 만공, 용성스님과 더불어 구한말의 큰 선지식이었다. 스님은 "허공은 법문을 하지도, 듣지도 못한다. 이 몸뚱이 또한 그러하건대, 법을 설하기도 듣기도 하는 이 한 물건은 도대체 무엇인가?"라는 화두를 들고 밤낮으로 정진했다. 그러던 어느 날 짚신을 만들고 있었는데 마지막 부분인 미투리 끈을 바짝 죄다가 그것이 끊어지면서 뒤로 나자빠지게 되었는데 그때 그만 화두가 터져버려서 크게 도를 얻게 되었다.

 경허선사

한국 불교의 선종禪宗을 중흥시킨 대선사大禪師.
계룡산 동학사의 만화스님 밑에서 불교경론을 배웠으며 후에 동학사에서 뛰어난 강백으로 명성을 드높였다.
1879년에 옛 스승인 계허를 찾아 한양으로 향하던 중. 심한 폭풍우를 만나 가까운 인가에서 비를 피하려고 하였지만, 마을에 돌림병이 돌아 비를 피하지 못하고 마을 밖 나무 밑에 앉아서 밤새도록 죽음의 문턱까지 드나들다가 삶과 죽음이 둘이 아니라는 '생사이문'이 문자에 지나지 않는다는 것을 자각하고 동학사로 돌아와 강원을 폐쇄하고 용맹정진을 시작하였다.
한 손에는 칼을 쥐고, 목 밑에는 송곳을 꽂고 잠을 자지 않고 정진하였다. 석 달 째 되던 날, "소가 되더라도 콧구멍 없는 소가 되어야지."라는 말을 듣는 순간 모든 의심이 풀리면서 오도悟道하였다.
1886년 6년동안의 보임保任을 끝내고 옷과 탈바가지, 주장자 등을 모두 불태운 뒤 나그네의 길을 떠났다. 경허로 인하여, 우리나라의 선풍은 새로이 일어났고, 문하에도 수월, 혜월, 만공, 용성, 한암 등 많은 선사들이 배출되어 새로운 선원들이 많이 생겨났다.
천장암에서 최후의 법문을 한 뒤 사찰을 떠나 머리를 기르고 이름도 박난주朴蘭州라고 개명하여, 서당의 훈장이 되어 아이들을 가르치다가, 1912년 임종게를 남긴 뒤 입적하였다.

천성산千聖山 내원사內院寺 계곡에서 활짝 핀 웃음의 꽃동산이 펼쳐졌다. 자칭 만담가 장소팔의 형님이라고 우기는 한 스님의 재담에 모두가 웃고 있는 순간을 누군가가 찰깍한 것이다.

의정擬定이 일념一念으로 똘똘 뭉치게 되면 어느 순간 화두가 터져버리는 경이로운 일이 벌어지게 되는 것이다. 완숙하게 익어 있는 내면의 공력이 외부의 어떤 순간과 접촉하면 돌발적으로 생기게 되는 깨달음이다. 그것을 선가禪家에서는 "축착합착築着合着[스승과 제자의 신지가 척척 맞아 떨어짐]"이라고 말한다. 돌을 잘 쌓는 석공이 돌 쌓을 공간을 유심히 살펴보고 나서 수많은 돌 가운데 하나를 척 골라서 그곳에 올려놓으면 딱 들어맞는 상황을 그렇게 나타내는 것이다. 그래서 이 공부는 "화두에도 있지 않고, 짚신에게도 있는 것이 아니다"라고 말한다. 화두나 짚신들은 깨달음의 계기가 되어줄 뿐 공부 자체는 아니라는 것이다. 참 공부는 자각의 전환 세계이므로 100년을 화두와 함께 지낸다 하더라도 타성에 젖은 인식의 큰 전환과 그것에 걸맞는 말과 실천이 뒤따르지 않으면 쓸모가 없는 것이다. 혜월선사는 짚신이 끊어짐과 동시에 화두가 터져 이후 평등과 평화의 세계를 누리며 나날이 태평가를 부르는 즐거운 날을 보냈다고 한다.

그 후 선사는 수많은 일화를 남겼다. 한번은 49재를 위해 장보러 가다가 대성통곡을 하는 여인을 만났는데 사연을 물어본 즉 집이 불에 타서 오갈 데가 없어서 그런다고 하였다. 선사는 그 사람에게 시장 볼 돈을 몽땅 주어 버리고 절로 올라가서 그냥 잿날을 맞이하게 되었는데, 재齋 준비를 물으니 "재는 벌써 다 마쳐서 영가는 이미 극락세계에 갔다" 하면서 재를 지내지 않는 것이었다. 저간의 얘기를 스님께 다 듣고 난 재주齋主가 도인의 그런 모습에 경비를 더 많이 내서 정성껏 재를 올렸다고 한다. 개간선사라는 별칭을 들을 정도로 농사일을 많이 했던 선사가 부산 선암사仙岩寺에 있을 때였다. 좋은 절논 다섯 마지기를 팔아서 여러 달 만에 겨우 세 마지기를 개간하기도 했다. 다섯 마지기를 팔았으면 그것보다 훨씬 많은 논을 개간했어야 하는데 겨우 세 마지기를 개간하니 주변 사람들이 "저 스님은 바보다. 두 마지기 손해를 보는 짓을 하니 절이 곧 망할 것이다"라고 쑤군거렸다. 그러면 선사는 도리어 "이 바보들 보게나. 나와 내 것이란 그저 중생심과 보살심의 차이일 뿐이야!"라고 하셨다. 이처럼 중생은 언제나 좁은 울타리에서 보지만 보살은 전체로 보는 것이다.

경봉스님도 혜월선사를 모셨던 적이 있어서 선사의 이야기를 많이 해주시곤 했다. 자신이 어릴 때 통도사 극락암에서 선사를 모시고 살았는데, 언제나 일꾼들과 함께 일을 하셨다고 한다. 그런데 일하는 이들이 일하지 않으려고 꾀를 내서 "노스님, 노스님. 법문 좀 해주이소" 하면 밭둑에 그들을 앉혀놓고 세월아, 네월아 하면서 이야기를 했단다. 해가 서산으로 넘어갈 때까지도 말이다. 그리고는 일한 품삯으로 배추를 한 고랑씩 뽑아가라고 했단다. 갓골의 것은 반 짐도 되지 않았지만 중간 것은 두 짐이나 되었다. 이렇듯 스님의 마음에는 계산이 남아 있지 않았다. 서너 살 먹은 어린아이들처럼 부끄러움과 남의 눈치를 모르는 천진 무심도인으로 일생을 사셨으니 얼마나 편안한 나날이었겠는가? 선사는 이처럼 일생동안 무심행無心行으로 일관하였다.

혜월스님이 내원사에 살 때의 이야기다. 주지가 노랭이라 선원스님들 뒷바라지가 시원찮았다. 어느 날 주지스님이 자리를 비운 틈을 타 혜월선사가 소를 팔아 떡과 과일을 사서 스님들과 함께 먹어 버렸다. 주지가 그 소식을 듣고 조실스님 방에 가서 그 경위를 여쭈니 혜월스님이 "여기 또 한 마리의 소가 있지 않느냐?" 하면서 네 발로 엎드려 방 한 바퀴를 돌면서 "음매~ 음매~" 하고 울었다는 것이다. 이 모습을 본 주지가 더 이상 아무 말도 못하고 방문을 나왔다고 전해진다. 1936년 선사의 세수 77세 되던 해, 충청도 보산 안양암에서 솔방울을 담은 망태기를 짊어진 채로 논두렁에 앉아 입적하였다.

우리 일행은 그런 선지식의 숨결이 서려 있는 척판암과 천성산 내원사를 가끔씩 탐방하고 돌아왔다. 오는 길에 계곡에서 잠깐 쉴 때면 자칭 장소팔 만담가, 웃기는 게 팔자라는 뜻을 가진 만담가의 형님뻘이라는 한 스님이 재담을 늘어놓아 먼길 오가느라 지친 일행들을 한바탕 웃음의 도가니로 몰아넣어 순간이나마 피로를 잊게 했다. 그 웃음 속에는 원효의 무애행無涯行도, 혜월선사의 무심행無心行도 모두 함께 녹아져서 영원히 천성산에서 우담바라의 웃음꽃을 피우곤 했다.

나는 무엇인가? 나는 어떻게 있는가?

나의 이 존재는 어디서 왔다가 어디로 가는가?

- 쌍윳다니까야 -

극락에 살다

산과 절은 옛 모습 그대로이나 눈 밝은 종사는 옛 사람과 다르니
걸망 진 운수객의 발걸음이 결코 가볍지 않다

극락에 살다

 74년 가을에 극락암極樂庵에 방부房付 선방에 안거를 청함]를 드렸다. 당시 남쪽엔 경봉鏡峰°이요, 북쪽엔 전강田岡이 있다고 했다. 성철, 향곡선사도 계셨지만 아직 젊어서 두 노스님 아래로 전국의 수많은 납자들이 구름처럼 모여들었다. 그 철에는 납자들만 87명이 모여 극락암이 생긴 이후 제일 많은 납자들이 들어와 산 겨울이 되었다. 한 분의 선지식은 이렇듯 전국의 선객들을 끌어들이는 힘이 있었다. 두 분이 계신 곳이 곧 정신적 고향이요, 수행자의 이상향이 되었다.

경봉스님은 참으로 멋진 스승이며 따뜻한 인격체였다. 그분은 우선 골격이 장대하고 패기가 충만하여서 정말로 도인처럼 느껴졌다. 저승꽃이 얼굴 군데군데 피어난 노사老師가 법상에 올라서 매서운 눈초리로 사방을 한번 훑어보는 그 모습은 영락없는 늠름한 사자의 품새 그것이었다. 초원의 왕인 사자가 한번 크게 소리를 내지르면 뭇 짐승들은 숨을 죽이고 모골송연毛骨悚然하여 정신을 바짝 차린다고 하였는데 스님의 자세와 법문하는 모습을 보면 흡사 그것과 똑 닮았다. 주장자를 어깨에 비스듬히 기대고 칼칼한 음성으로 사자후獅子吼 [최상의 법문]를 던지는 경봉대선사가 계시는 영축엔 언제나 태양이 저물지 않았고, 드나드는 발길은 주야를 가리지 않았다.

스님은 모든 것을 골고루 갖추셨다. 한학漢學에 능했으며 서예도 도필刀

경봉선사 鏡峰, 1892~1982

성은 김金씨, 속명은 용국鏞國, 호는 경봉鏡峰이며, 현대불교를 대표하는 선승이다.
15세에 어머니를 여의고 난 뒤 1907년에 통도사로 출가하였다. 1912년 4월 해담海曇으로부터 비구계와 보살계를 받은 뒤, 통도사 불교전문강원에 입학하여 불경연구에 몰두하였다.
해인사 퇴설당堆雪堂에서 정진한 뒤, 금강산 마하연摩訶衍 · 석왕사釋王寺 등 이름난 선원을 찾아다니면서 공부하였다. 통도사 극락암으로 자리를 옮겨 3개월 동안 장좌불와長坐不臥하면서 정진을 계속하였다. 화엄산림법회에서 법주法主를 맡아 철야로 정진하던 중, 4일 만에 천지간에 오롯한 일원상一圓相이 나타나는 경지에 이르렀다.
그러나 번뇌가 완전히 없어지지 않았음을 스스로 점검하고 다시 화두를 들어 정진하다가 1927년 11월 20일 새벽에 방안의 촛불이 흔들리는 것을 보고 크게 깨달았다.
1930년 2월 통도사 강원의 원장으로 취임한 뒤부터 50여 년 동안 한결같이 중생교화의 선구적 소임을 다하였으며, 전국의 선승들을 지도하여 선풍禪風을 선양하였다.
1982년 7월 17일에 문도들을 모아 "야반삼경夜半三更에 대문 빗장을 만져 보거라."라는 임종게를 남기고 입적하였다.

극락에 살다

뛰어난 선지식은 선객을 끌어들이는 힘이 있다. 경봉스님이 바로 그런 분이었다. 경봉스님이 계시던 74년 그 철엔 납자들만 87명이 모여 극락암이 생긴 이후 제일 많은 납자들이 들어와 산 겨울이 되었다.

筆[대나무 조각에 글자를 새기는 데 쓰던 칼. 또는 대나무에 새긴 글씨]의 대가라고 일본까지 소문이 나서 그곳으로부터 더 인기가 좋았고, 침도 잘 놓으셨다. 이렇듯 이理와 사事, 모두 능통해서 그야말로 팔방미인이었다. 수행자는 물론 수행만 잘 하면 되지만 많은 중생을 교화하려면 다재다능하면 더 더욱 좋다는 것을 경봉스님을 보고 많이 깨달았다.

"많이 알면 병도 많아서 하나를 지킴만 같지 못하다."는 옛말도 있지만 그것은 자격증만 수두룩하고 세 끼 밥도 못 챙겨 먹는 어중개비에게나 걸맞는

151

말이고, 적재적소에 모든 재능을 잘 활용할 수 있는 자격을 갖춘 기술자는 많으면 많을수록 좋은 것이다. 그런 노선사老禪師도 예의에 어긋나는 것은 몹시 싫어하셨다. 그 해에는 너무 많은 승려들이 몰려와서 행여 못 살게 될까 염려한 나머지 어떤 젊은 선객이 꾀를 내서 한 말이 "큰스님 열반하시기 전에 스님 모시고 살려고 왔습니다." 하면서 입방入房을 청했더니 노사께서 "이제 한 말을 취소하면 받아주겠다"고 한 일이 있었다.

또 어느 때엔 당찬 비구니가 와서

"조실스님 모시고 한철 지내고 싶어서 왔다"고 하자 "이곳은 앉아서 소변 보는 이는 안 된다."고 우회적으로 거절했다. 순간 그녀가 벌떡 일어나서 오줌을 술술 싸서 방 한 칸을 차지하고 한철을 잘 지내기도 하였고, 그러나 그 무엇보다도 통 큰 선사의 면모는 여러 곳에서 드러났다. 월하스님이 자신의 조카뻘이 되었지만 보광전 대중이 세배를 드리러 가면 언제나 "월하스님 잘 계시느냐?"며 항상 스승 됨의 품위를 지켰고, 큰절에서 별다른 대책 없이 찻길을 막아도 조용하게 그 일을 처리하셨다.

산문山門이 다 아는 경봉스님과 전강스님과의 관계가 있다. 경봉스님이 견성 후 그 세계의 황홀함에 젖어서 밤잠을 설치며 횡설수설한다는 소문이 전국에 돌자 하루는 전강스님이 찾아와서 경봉스님과 법거량을 했다. 그런데 그 후에 전강스님이 "경봉의 깨침은 나의 탁마 때문이지"라고 어느 자리에서 법문을 한 것이다. 이 일에 경봉스님은 "지도자가 자기 과시적 허세로 사실을 왜곡해서야 되겠느냐"고 불교신문을 통해서 점잖게 공박하기도 했다.

마침 우리가 아란야에 살 때에 전강스님이 열반에 드셨다. 그날 아침에도 어김없이 토굴에서 차와 인절미를 잡수셨는데 그때 원각스님이 "전강 조실스님이 좌탈입망坐脫立亡(앉아서 또는 선채로 죽음)을 맞이하셨답니다." 하니 "전강이 꾀가 많다" 하고는 뒷말이 없었다. 우린 은근히 더 많은 말씀이 나오길 기다렸는데 그저 아무 일도 없던 것처럼 인절미만 잡수시던 경봉스님이셨다.

이제는 경봉대선사의 칼칼한 기침소리도 월하선사의 서슬 퍼런 권위의 그림자도 모두 사라진 영축산 통도사, 산과 절은 옛 모습 그대로이나 그곳에 의지해 사는 눈 밝은 종사는 옛 사람과 다르니 걸망 진 운수객의 발걸음이 결코 가볍지 않다.

힘껏 밀어라 이놈아.
그 힘도 없으면 공부 못하는 기라

밀어라, 밀어라 이놈!

아란야阿蘭若는 '수행하기 좋은 조용한 곳'이란 뜻의 인도어 aranya를 그대로 음사한 것이다. 1976년 겨울을 극락암에서 지낼 때이다. 아란야는 그곳에서 500여 미터 떨어진 아래쪽에 위치한 곳으로 오 거사란 분이 시주하여 지은 2층 양옥건물이었다. 1층 건물 큰방에 지금 원당암 감원이며 해인사 총림 유나維那[계와 율을 담당하는 스님]인 원각스님[사진 오른쪽 첫 번째]과 해인사 용탑 선원장인 중천스님[내 옆에 목도리를 두른 스님], 그리고 가사를 수하고 경봉스님 곁에 앉은 일공스님이 함께 정진하게 되었다. 공양은 큰절에 가서 했는데 그해 겨울엔 경봉 큰스님께서 거의 매일 이른 아침 산책을 그곳으로 오시곤 하였다. 우리가 아침공양을 마치고 아란야 토굴에 도착해 있으면 노스님 특유의 강한 헛기침 소리가 솔밭 입구에서 들려온다. 내가 가고 있다는 신호다. 그러면 우리는 부리나케 스님 맞을 준비를 한다.

아란야는 극락암에서 500여 미터 떨어진 곳에 있었다. 경봉선사는 거의 매일 이른 아침에 이곳에 산책하러 오셨다. 목도리를 두르고 의자에 앉아 계신 분이 경봉선사다.

원각스님은 화덕에 숯불을 지피고, 나는 석쇠와 쟁반, 칼들을 준비한다. 그리고 나머지 스님들은 방 정리를 한 다음 조실스님을 모실 방석을 상석에 마련한다. 스님의 걸음걸이는 대평원을 어슬렁거리는 사자의 걸음을 연상케 한다. 시자의 안내를 받으며 방에 들어오시면 우리는 삼배의 예로 어른을 모신다. 그때마다 시자가 작은 망태기에 든 것을 꺼내 놓는데 주로 찹쌀 인절미와 알밤, 잣 등등을 내어 놓는다. 인절미를 숯불에 구우면 노릇노릇하고 몰랑몰랑하게 되어 그것을 차와 함께 드시는데 그것을 몇 개 잡수시고, 극락암에 올라가 정식 아침을 드신다고 했다.

한 번은 내가 밤에 칼자국을 분명하게 내지 않고 석쇠에 올려 두었더니 그것이 구워지면서 탁하고 튀고 말았다. 놀란 조실스님께서 은근히 부아가 나셨든지 칼칼한 음성으로 "공부도 그렇게 어름하게 하제!" 하시면서 힐끔 쳐다보아서 엉겁결에 "예" 하고 만 적도 있었다. 큰스님께선 온화한 봄볕처럼 차를 드시면서 재미난 법문도 많이 해주셨고, 공부에 도움이 되는 경책의 말씀도 아끼지 않으셨다. 특히 법주사 승려인 일공스님이 큰스님과의 소중한 자리를 무의미하게 넘길까 봐 많은 질문을 드리기도 해서 우린 그 덕에 좋은 말씀들을 많이 들을 수가 있었다.

근데 말이야, 많이 알려진 얘기지만 전삼삼前三三 후삼삼後三三 얘기가 있잖아. 중국 당나라 때 산서성에 오대산이 있거든. 그곳에 다섯 암자가 있제. 동쪽은 자비의 화신인 관음암이고, 서대는 원력의 상징인 보현암이고, 남쪽은 비증보살인 지장이요. 북대는 미래불인 미륵인기라. 그리고 중대는 지혜인 문수보살이거든. 우리나라 오대산도 그것을 본떠서 그대로 암자를 지었는데 중대 맨 위쪽엔 석가모니 부처님의 정골사리를 모셨거든. 그 사리를 신라 때 지장스님께서 오대산에 가서 문수보살 석상 앞에서 기도를 드린 후 부처님 가사와 함께 모셔 와서 오대보궁五大寶宮(통도사, 상원사, 정암사, 봉정암, 법흥사)에 모신 기라. 그러니 멋지게 됐제. 그런 유명한 오대산에 문수보살이 상주한다고 알려졌는데 그 당시 유명한 무착無著선사라는 이가 오대산으로 문수보살을 친견하러 갔지. 그 산에 들어서 한참을 올라가고 있는데 어떤 노인이 큰 지팡이를 들고 터덜터덜 내려오는 거였어.

"당신은 어디서 오는 뉘시오?"
"남방에서 오는 무착이라고 합니다."
"그곳의 불법은 잘 되고 있나요?"
"말법 비구들이라 계율이 온전치 못합니다."
"몇 명이나 사나요?"
"어떨 때는 300명, 다른 때는 500명 정도 삽니다."
"오대산 불법은 어떠합니까?"
"용과 뱀이 섞여 살고 범부와 성인이 함께 지내지요."
"대중은 몇이나 됩니까?"
"전삼삼前三三 후삼삼後三三입니다."
"아, 그렇습니까?"

무착이 노인을 따라 올라가니 아름다운 절이 나왔지. 마당에 들자마자 노인이 "시자야, 손님 모셔라!"고 하니 "예" 하면서 사람 소리가 들려서 그곳으로 고개를 돌렸는데 순식간에 노인도 절도 없어진 기라. 하하하… 그 노인이 문수보살 화신이지. 전삼삼 후삼삼이란 큰 법문이야. 화두를 타파해야 그 도리를 알지. 우쨌든지 올 겨울 공부 잘 해라. 나 이제 올라갈란다.

 노사께서 극락암으로 올라가는 언덕배기를 천천히 걸으면 천년노송들이 굽이굽이 경봉스님을 내려다보면서 나뭇가지를 흔들어댄다. 구불구불 잘도 자란 훤칠한 소나무들, 그 숲속을 유유자적하게 걸어 올라가시는 노선사를 단정하게 생긴 참한 시자가 등 뒤에서 밀면서 올라간다. 그러면 노스님은 허리를 일부러 더 뒤로 젖히신다.

 "힘껏 밀어라 이놈아."
 "노스님, 힘들어요."
 "그 힘도 없으면 공부 못하는 기라. 밀어라, 밀어라! 이놈."

 따사로운 겨울 햇살이 솔가지 속에서 비춰지기 시작하면 소나무 그림자와 노스님의 모습이 하나가 되어 길 위에 드리워진다. 그때쯤이면 8시 정진을 알리는 시작 목탁소리가 힘차게 극락을 때린다. 그럴 때면 나는 가끔씩 경봉스님의 18번 게송을 읊조리고 있었다.

"영축산이 높으니 구름 그림자가 차갑고
낙동강이 길고 길어 만리로 흐르는 물,
그 뒤 있어 전삼삼 후삼삼의 뜻을 알리오.
돌장승이 애기 낳으면 그때야 말하겠소."

그곳에는 전국 각지에서 모여든 수많은 선객들로 늘 북적거린다. 가끔씩 공부한답시고 오는 사람들에게 "극락엔 길이 없는데 어떻게 왔는고?" 하고 선문답을 던지시고는 어린애처럼 천진하게 웃으시던 경봉대선사님. 스님께서 원적에 드신지 얼마 안 되어 아란야 토굴도 헐려서 없어지고 옛 얘길 담은 낙엽들만 지금은 소복하게 쌓여 있다.

구마동 계곡

깨침의 세계는 희망의 극치다.
기쁨의 정수리며, 영원으로 이어지는 대자유의 세계이다

너그 짓 아이가?

"불조佛祖[부처님과 부처님 이후의 조사들]의 참뜻을 알고자 하는가? 야밤夜半 삼경三更에 촛불 춤을 보아라."

이것은 경봉스님의 오도송悟道頌[깨달음의 게송] 일부이다. 극락암에서 화엄경 법회가 이루어지고 있을 때 촛농이 떨어지면서 흔들거리는 모습을 보는 순간, 은산 철벽처럼 꽉 막혀 있던 화두의 둑이 무너져내린 것이다. 10년 체증처럼 가슴 한 쪽에 막혀 있었던 '알 수 없음'의 캄캄한 장막이 한 찰나에 사라진 것이다. 그 순간 그는 미친 사람처럼 춤추며 날뛰었다고 전해진다. 분별分別의 그늘이 사라지고 천지가 진리의 대광명이 되어 자신과 하나가 된 세상, 선사는 기쁨에 벅찬 나머지 잠도 자지 않고 눈이 벌겋게 된 채로 이리 뛰고 저리 뛰어서, 경봉스님이 공부하다 미쳤다는 소문이 전국에 쫙 퍼졌다.

사람이 막다른 골목에서 지나치게 곤궁하면 차라리 미쳐버리는 게 더 좋겠다는 생각을 하게 될 때가 있다. 괴로움의 세계를 벗어나고픈 절망이 그렇게 표현되는 것이다. 그러나 그것은 희망의 포기이므로 결국은 자기 파탄을 불러오게 된다. 그러나 깨침의 세계는 희망의 극치다. 기쁨의 정수리며, 영원으로 이어지는 대자유의 세계이다. 선사는 그곳에 진입하자 말할 수 없는 환희심의 몸짓을 그렇게 표현했다. 그 후 큰절에서 경봉스님에게 법문을 청했다. 법상에 오른 그는 번쩍이는 지혜의 검을 대중에게 휘둘렀다. 때로는 육두문자까지 쓰면서 법문을 해서 어떤 보살들은 듣다가 얼굴을 감싸고 법당을 나갈 정도였다. 그의 깨침의 세계에서는 세상의 모든 언어나 가치체계는 용광로에 들어온 눈과 같았다. 그러한 자리에 앉아버린 스님은 자신의 위치에서 보아진 세계를 그저 담담하게 말했을 뿐이다.

불가에서는 그것을 '진리의 몸체'라고 한다. 그 몸체를 알기 위해 보내야 했던 그간의 역정, 길고 힘겨웠던 시간만큼이나 감흥이 커서 처음 얼마 동안은 극심한 자기도취가 되는 모양이다. 그러나 그것도 시간이 지남에 따라 감흥이 점점 잦아들어 평상심을 되찾게 마련이다. 그 뒤로 극락암에는 전국의 선객들이 구름처럼 몰렸고 내로라하는 신도들은 서로 앞다투어 스님을 친견하려고 줄을 이었다.

그해, 겨울 어느 날, 서울에서 저명한 불교학자 이기영박사가 몇몇 이름 있는 사람들과 함께 경봉스님을 만나러 아란야를 방문했다. 스님은 귀한 손님이 오면 곧바로 2층으로 올라가 그곳에서 손님들을 맞이하셨다. 그곳은 항상 비어 있는 공간이라 겨울에는 가끔씩만 청소하는 곳인데, 손님들을 그곳으로 안내해서 의자에 앉아 목청을 돋우어 한 게송을 멋지게 읊고, 소참법문小參法門 때와 장소를 가리지 않고 수시로 하는 설법 을 하고 내려오시곤 하셨다. 그날도 여느 때처럼 이박사 일행과 함께 노스님을 모시고 2층에 올라갔었는데 사건이 일어난 것이다. 마룻바닥에 토해놓은 한 무더기의 토사물과 함께 고량주병 2개가 나뒹그러져 있고, 옆에는 회색빛 망태기와 속복 웃옷 하나가 너부러져 있지 않은가?

스님께서는 얼굴을 찌푸리시며 "그만 내려가자!"고 하시면서 아래층으로 내려와서 평소처럼 차와 인절미를 드시고 방문을 나섰다. 손님들을 저만치 먼저 보내고 나서 뒤돌아보며 우릴 보고 하신 말씀이 "점잖은 손님들이 왔는데 그게 무슨 꼴이고. 누군지 찾아내라!"고 하시고 올라가셨다. 우리 넷은 고개를 푹 숙이고 "죄송합니다." 하고 모기 소리를 내었다. 스님께서 올라가신 후 2층에 올라가서 말끔하게 정리를 하고 나서 주변을 살펴보니 이상한 일이 하나 있었다. 전날 저녁부터 눈이 와서 발자국들이 남아 있었는데

경봉스님은 참으로 멋진 스승이며 따뜻한 인격체였다. 골격이 장대하고 패기가 충만하여서 정말로 도인처럼 느껴졌다. 저승꽃이 얼굴 군데군데 피어난 노사老師가 법상에 올라서 매서운 눈초리로 사방을 한번 훑어보는 그 모습은 영락없는 멋진 사자의 품새 그것이었다.

들어간 발자국은 있지만 나온 흔적은 없는 것이었다. 그렇다고 아란야에는 숨을 만한 어떤 공간이 있는 것도 아니었다. 고심 끝에 중천스님이 속복 윗옷을 가지고 극락암에서 일하고 있는 일꾼들 방에 가서 그 옷에 대해 물었는데 내 것이라고 하는 사람이 나왔다.

이야기를 들어보니 첫눈이 내리는 날 밤 조실스님을 시봉하는 한 스님이 그이에게 옷을 좀 빌려달라고 하더란다. 그이는 음대출신의 스님이라 성악을 무척 잘 했다. 예능에 능하다보니 기분에 따라 곡차를 좋아했다. 겨울이라도 눈이 자주 오지 않는 통도사인지라 큰스님이 주무시는 시간에 때맞춰 흰 눈이 내리니 그 정취에 못 이기어 회포를 풀다가 과하게 된 것이다. 어느 날 시자를 "먼저 가라" 하고는 뒤돌아서서 "그 범인 잡았나?" 하고 우릴 쳐다보셨다. "아직은요." 하고 대답하니 "그럼 너그들 짓 아이가?" 하면서 웃으셨다. "저희들이 그랬다면 얼른 치우지요." 일공스님이 대답했다. "하였든 조심해야 된다. 잘 살펴 보거라." 그 일이 있은 후 다른 이가 조실스님을 모시고 내려왔다. 음악을 잘하던 시자스님은 그 후 극락암을 떠나서 지금은 어느 토굴에서 지내고 있다는데 지금까지 궁금한 것이 어째서 나갈 때의 발자국이 없는가이다.

몸이 편할 때보다 고단할 때
더 바짝 정신이 차려지는 것이 마음공부이다

도성암의 등짐

도성암道成庵은 현풍 유가사瑜伽寺 뒤쪽에 있는 호젓한 암자다. 옛 어른들이 파계사 성전암과 금릉 수도암, 그리고 선산 도리사와 이곳 도성암을 영남의 4대 수행처로 꼽을 정도로 도성암은 공부하기에 좋은 곳이다. 지금은 그곳들도 길이 좋아지면서 절도 커지고, 신도들의 출입이 잦아져 대개는 번거롭게 되었지만, 도성암만은 옛 분위기를 그대로 간직하고 있다. 수행처가 출입하기가 편리하게 되면 자연 번거롭게 되고, 그렇게 되면 물질이 풍부해져서 정신이 산만하게 된다. 도성암은 그런 분위기에서 벗어난 좋은 아란야이다. 그곳도 그전에는 한두 사람이 조용하게 지내면서 차분히 정진하는 분위기였는데 "그 좋은 도량에 몇 사람만 살아서야 되겠느냐"는 여러 사람의 성화에 못 이겨 성찬 주지스님이 조그마한 선원을 새로 지어서 7~8명이 살게 되었다.

그해 여름엔 주지스님을 비롯해 초삼, 성우, 인각, 원륭, 대현, 나 기후, 그리고 안 거사와 공양주 등 아홉 명이 지내게 되었다. 그 중에 주지 성찬 노스님을 비롯해 초삼스님과 안 거사는 이미 고인이 된지 오래 되었고 다른 스님들은 제방에서 대덕 선사로 한결같이 정진하고 있다. 안 거사는 통도사 극락암에서 10년을 지내다 보니 선객 스님들을 많이 알고 있어서 상원사 등 제방 선원의 스님들과 함께 정진하는 상당한 거사선객이었다. 단전이 바가지 엎어 놓은 듯 볼록할 정도로 정진에 애썼으며 경봉 노스님의 흉내를 내면서 한시漢詩도 곧잘 하는 재미있는 거사였다. 나이로서는 모두 엇비슷했지만 선방은 내가 제일 적게 다녀서 소임을 세 개나 맡게 되었다. 차를 끓이는 다각茶角|차를 다리는 소임을 맡은 승려|과 샘가에 있는 물을 부엌에 있는 두 개의 물통에 들어 나르는 일과 현풍에 장이 서는 날마다 유가사 입구까지 가서 주지스님의 짐 마중을 하는 일이었다. 날마다 물을 길러 나르는 것도 힘이 드는 일이지만 제일 힘이 드는 것은 성찬 노스님이 장에 가는 날, 마중 가는 일이었다.

성찬 노스님은 세 가지 특징이 있었다. 봄, 가을로 뜸을 떠서인지 잠시도 쉬지 않는 것과 법당 목탁은 그 어떤 사람에게도 맡기지 않고 본인이 직접 예불과 제사 그리고 집전하는 것, 그리고 현풍에 장이 서는 날, 무슨 일이 있어도 빠지지 않는다는 것이었다. 때문에 현풍 장에서는 "도성암 주지스님이 안 오면 현풍장이 안 선다."는 말이 나올 정도였다. 스님이 머리면도를 하면 그 다음날이 현풍장날이다.

나는 세 시 차가 도착할 시간에 맞춰서 도성암을 나선다. 버스에서 내린 노스님은 제사에 쓸 수박이나 참외 등을 걸망에 잔뜩 지고 와서는 나를 기다린다. 짐이 아주 많을 때는 노스님과 나누어지기도 하지만 어지간하면 내가 다 지게 마련이고, 길이 멀고 가파르다보니 과일들이 걸망 속에서 이리 뒹굴, 저리 뒹굴 해서 짐 무게보다 훨씬 무겁게 느껴지게 되는 것이다. 그럴 때면 과일이 터질까 봐 여간 신경 쓰이는 게 아니었다. 산에 오를수록 땀범벅이 되고 헐떡거려서 나중에는 말할 기운도 없어진다. 그렇게 기진맥진하게 될 때는 큰 방에서 묵연하게 정진하고 앉아 있을 도반들을 생각하면서 나도 야무지게 화두를 챙겨 든다. 몸이 편할 때보다 그렇지 않을 때 더 바짝 정신이 차려지는 것이 이 공부인지도 모르겠다. 땀을 뻘뻘 흘리면서 화두를 들고 오르면 어느새 도성암에 도착하는 것이다.

비가 오는 날은 가지 않으셨으면 하는 마음 간절하지만 노스님은 아무리 비가 세차게 내려도 장날이면 어김없이 우산을 받쳐 들고 현풍을 향하였다. 나중에 들은 이야기지만 현풍 읍내에 점잖기도 하고 인물과 재력까지 갖춘 곽 보살이라는 분이 있었는데 장이 서는 날마다 그 집에서 맛있는 것도 잡수시고, 보살님과 재미있는 이야기도 나누고 오신다는 것이다. 또 칠석이나 백중 등 절집 행사가 있는 날이면 불공비나 기도비도 곽 보살이 다 모아 두었다가 스님께 전달하다 보니 비가 오는 날이나 눈이 많이 오는 날이라고 해서 빠질 수 없는 노릇이었다. 그리고 노스님은 스님들이 먹는 식량은 스님들 스스로 등짐을 져서 날라야 한다는 지론을 굳게 가지고 계셨다. 물론 그 속에는 '구두쇠 노장'이라는 별명의 뜻도 함께 숨겨져 있지만 보리나 쌀 등을 스님들이 직접 지고 오는 일은 아무리 힘이 들어도 그렇게 해야 하는 것이 마땅한 것이다. 또 그렇게 자주 있는 일도 아닌데다가 결제 기간인 3개월동안 앉아서 갖다 주는 것만 받아먹기보다는 시주로 얻은 귀한 식품들을 내 자신의 등짐으로 져 올리면서 수행자라는 것을 깊이 되새기게 되니 장날이 서는 날 등짐 지는 소임을 감사하게 생각하고 그 일을 흔쾌히 맡아 했다.

등짐 울력이 있는 날, 하루 전에 대중 회의에서 통과되면 그 이튿날 포대와 옷 등을 준비하고 모두들 암자를 나선다. 빈손으로 올라와도 땀이 콩죽처럼 흘러내리는 삼복에 등에 철썩 달라붙는 쌀이나 보리쌀을 한 짐씩 지고 오르막을 오르다보면 나중에는 얼굴이 화롯불처럼 벌겋게 달아올라서 숨이 차서 헉헉거린다. 선방에 가만히 앉아 공부하고 있을 때가 얼마나 고마운 일인지 절감하는 순간이다.

　힘이 들면 땅만 쳐다보면서 오직 화두만 잡고 오르고 또 오른다. 그러다가 "쿵!" 하고 마루에 쌀을 내려놓는 순간, 그 시원함이라니. 고진감래가 그것을 두고 일렀던가? 등짐 울력이 있던 날 저녁에는 도리어 조는 스님이 없다. 그 옛날 거지 취급을 받으면서 탁발해 지고 와서 직접 공양을 준비하고 수행을 하던 시절에 오히려 도인이 많이 나온 속내를 실감하게 하는 도성암의 등짐이었다.

천고에 자취를 감춘 학이 될지언정
춘삼월에 말 잘하는 앵무새는 되지 않겠다

오대산의 학鶴, 한암스님

오대산五臺山은 명산 중의 명산으로 불자들뿐만 아니라 일반 사람들에게도 너무나 친숙한 산이다. 태백산맥에서 서쪽으로 차령산맥이 길게 뻗어나가는 첫 머리에 있는 오대산 주봉인 비로봉 바로 아래 석가모니 부처님의 진신사리를 모신 중대中臺가 있다. 그리고 비로봉 동쪽에는 관음암, 남쪽에는 지장암 선원을 짓고, 북대에 미륵과 서대에 염불암을 세웠다. 이것은 중국의 오대산을 본뜬 것이다. 오랜 옛날부터 중국의 오대산은 부처님의 진신이 상주한다고 전해져 내려왔다. 그래서 자장율사는 중국으로 가서 문수보살께 기도를 한 끝에 부처님의 가사와 진신사리를 얻어 귀국했다. 그리고 지금의 오대산에 부처님과 문수보살을 위한 도량을 세운다. 문수보살을 중심으로 하고, 지극하고 지극한 자비를 상징하는 관음암을 동쪽에, 뜨거운 고뇌의 세계에서 뭇 중생을 끝까지 제도하겠다는 지장보살을 남쪽에 배치하고, 서쪽에는 열 번만 일념으로 아미타불을 부르기만 해도 서방정토에 태어난다는 염불암을 두었고, 춥고 냉랭한 북쪽에는 56억 7천만년 후에 이 땅에 와서 용화수 아래에서 성불한 후 세 차례의 법회를 통해서 사바세계 중생을 모두 성불하게 한다는 미륵보살로 자리매김했다.

이처럼 거룩한 뜻을 지닌 오대산, 그 이름만큼이나 그 성스러운 산에 위대한 근세의 도인이 사셨으니 바로 '방 한암方漢岩|1876~1951|*' 대종사이시다. 스님은 오대산에서 27년을 동구 밖을 나가지 않고 수행에만 매진한 선지식으로 정평이 나 있다. 그 산에 들기 전 스님은 스스로와의 약속을 다음과 같이 토로하였다고 전해진다.

"천고에 자취를 감춘 학이 될지언정
춘삼월에 말 잘하는 앵무새는 되지 않겠다."

 한암스님 漢岩, 1876~1951

조선불교 조계종 초대종정.
청암사 수도암에서 경허선사를 만나 공부하였으며 경허선사는 법좌에 올라 "한암의 공부가 개심開心의 경지를 지났다"고 공표하였다. 일제하에서 수좌들의 치열한 수행처로 유명한 월정사 산내 암자인 상원사 선방의 조실을 지냈으며, 당시 상원사 선방을 통해서 효봉, 청담, 고암, 서옹, 월하, 탄옹, 보문, 고송, 탄허, 자운, 지월, 석주스님 등 한국의 기라성 같은 선지식이 다수 배출되었다.
27년간 상원사에서 동구 불출하였고, 자신의 몸을 던져 상원사를 수호한 것으로 유명하며, 1951년 좌선하는 자세로 열반에 들었다.

그리고 스님은 언약대로 오대산의 학鶴이 되어 사셨다.

시드니에 있을 때 마침 오대산에서 한암스님을 8년간 시봉했다는 동성스님이 찾아왔다. 나는 그 스님을 통해서 구전으로 어설프게 전해오던 얘기를 더욱 분명하게 들을 수가 있었다. 때는 해방되기 직전, 총독부 정무총감이 한암스님을 친견하겠다고 했단다. 당시 총무원장이 월정사 주지를 겸한 종욱스님이었는데 이 사실을 한암스님에게 알리고 월정사까지 한암스님이 내려와서 손님을 맞이했으면 좋겠다는 연락이 왔으나 한암스님이 일거에 거절했다고 한다. 당시 서슬이 시퍼렇던 조선총독부의 눈치를 보느라 원장스님은 고심이 이만저만이 아니었다고 한다. 하는 수 없이 쌀과 반찬 등을 소달구지로 상원사로 운반해서 그것으로 손님들을 접대하도록 배려했다는데 한암스님은 원주를 불러서 우리가 평소 먹고 있는 대로 하라고 엄명을 내렸다.

드디어 귀한 손님들이 오는 날이었다. 그때가 여름 해제 일주일 전으로 칠석 무렵이라고 했다. 공교롭게도 상원사 선방에선 여름이면 보궁까지 가는 길 옆 잡초를 제거하는 일이 연례행사처럼 행해지던 날이었다. 한암스님도 대중들과 함께 낫을 들고 그 울력에 동참하고 있던 날 손님들이 온 것이었다. 월정사까지는 아니더라도 상원사 입구까지는 마중 나올 줄 믿었던

한암스님은 스물네 살 때 보조국사의 수심결을 읽다가 불현 듯 출가를 결심했다. 그때가 1899년이었다.

총무원장은 "이제 조선 불교가 다 망하게 생겼다." 하고 완전히 사색이 되었단다. 일행이 상원사에 도착하니 공양주만 있고 아무도 없었다. 산에서 울력 중인 한암스님에게 손님들이 왔다는 전갈을 보내니 그제야 내려와서 큰 방에서 인사를 나누고 자리에 앉았는데 그때 총독부 정무총감이 "이번 전쟁에서 일본이 이기겠습니까? 연합군이 이기겠습니까?"라는 질문을 했단다. 그때 한암스님은 "德덕이 있는 나라가 이긴다"고 일갈했고 "일국의 대신이 고작 그런 질문밖에 못 하느냐."고 크게 호통을 쳤다고 한다. 그리고는 "사찰에선 음식을 남기면 큰 실례"라고 하면서 변변치 않은 음식이지만 잘 드시라고 했다. 그때의 음식은 그야말로 개죽만도 못한 형편없는 것이었다. 그러나 그들은 그릇을 깨끗하게 비우고, 내려가는 길에 이종욱 총무원장에게 다가와서 머리를 흔들면서 "조선에 위대한 도인이 있다."고 극찬을 했단다. 그 뒤에 일본에서 소포가 하나 왔는데 고급 비단으로 만든 한암스님의 가사였다고 했다.

요즈음은 돈이나 권력에 너나없이 사족을 못 쓰고 살아간다. 강한 정신력을 가꾸고 살았던 한암스님이나 성철스님이 안 계신 지금의 가야산이나 오대산은 한층 더 빛을 잃은 듯 허허로운 바람만 지나간다. 나에게 그런 얘기를 해준 동성 노스님은 103세를 일기로 올해 초 2011년 충남 대천에서 원적에 드셨다는 기사를 불교신문에서 접했다.

탄허스님과 지월스님

한암스님의 정신을 이어받은 분이 탄허吞虛스님*이다. 유난히도 흰 눈이 수북하게 쌓였던 어느 해 겨울에 탄허스님의 화엄경 강의를 듣기 위해 50여 명의 비구와 비구니들이 모였다. 무비, 성파, 종광스님 등 그 당시의 젊은 강사들이 주축이 되어 마련한 뜻 깊은 자리였는데 나도 동참하게 되었다. 그때 탄허스님이 자신의 스승인 한암스님과 만나게 된 인연 이야기를 꺼내셨다.

어느 날 자신이 한암스님께 은근히 스스로 갖춘 실력을 자랑도 할 겸 불교에 관심이 있는 듯 그럴 듯하게 편지를 써서 보냈다고 한다. 그런데 답장에 "그 정도의 실력은 우리 절 부목負木(절에서 나무하는 이)도 갖추고 있노라"라고 하였단다. 이에 은근히 부아가 치민 스님이 사실 확인을 위해 오대산에 왔다가 그 길로 한암스님의 고매한 인격에 매료되어 그만 머리를 깎게

극락에 살다

되었노라고 했다. 그만큼 한암스님은 유교와 불교, 선과 교와 의식 등을 골고루 갖추신데다가, 얼굴이 학처럼 맑고 언행은 성자처럼 어지니 그 누가 그 앞에서 머리를 조아리지 않을 수 있을까? 그 인연으로 한암스님은 탄허스님을 수제자로 맞이하여 오대산의 법풍을 한층 더 아름답게 물들였으니 큰 나무 아래에서는 다른 나무가 크게 자랄 수 없다는 말은 나무나 속세의 세계에서만 통하는 말일 뿐, 수행의 세계에서는 법목法木이 큰 나무 아래에서 자라면 똑같이 큰 나무가 되는 것이다. 수행이 크면 클수록 큰 제자를 두게 되어 있는 것은 수행 법계의 큰 이치인 것이다.

또 하나 우리 조계종의 일화로 남아있는 한암스님의 덕화 한 토막이 있다. 지월 노스님이라고 계셨다. 인욕人慾(모든 것을 참아내는 수행)과 하심下心(모든 것에 나를 낮추고 남을 높이는 마음)의 제 일인자로 알려진 근세의 선지식이다. 작은 체구에 까무잡잡한 피부를 지닌 그 스님은 언제나 해진 누비 두루마기에 검정 고무신을 신은 채로 긴 지팡이를 짚고 해인사 도량을 거닐곤

탄허스님 呑虛 1913~1983
근대 한국불교를 대표하는 학자이자 사상가.
전북 김제에서 독립운동가 율재栗齋 김홍규金洪奎 선생의 둘째 아들로 태어나 어린 시절인 여섯 살부터 청년인 스물한 살에 이르기까지 사서四書와 삼경三經 및 노자老子와 장자莊子 등 유학의 전 과정을 마치고 1934년 22세 되던 해에 오대산 상원사에 입산, 한암스님을 은사恩師로 구족계具足戒를 받았다. 경허스님의 선맥禪脈을 이은 한암스님의 철저한 선교일치禪敎一致 지도방침에 의해, 선禪과 교敎, 어느 한 쪽에도 치우치지 않은 원만한 수행과 밝은 안목을 지녔다.

181

한암스님의 문도들과 함께 기념사진을 찍었다. 의자에 앉아 있는 분이 탄허스님이다. 한암스님의 법을 이은 수제자 탄허스님은 한국 현대불교의 선지식으로 명망을 떨쳤다.

하던 스님이었다. 스님이 부처님께 축원을 할 때나 절을 올리는 모습은 정말로 지극 정성 그 자체였다. 그럴 뿐만 아니라 관광객이나 행자 등 그 어느 누구에게도 존댓말을 썼고 항상 진실하게 대했다. 행자실 근처에서 이제 막 입산한 행자를 만날 때에도 "행자님은 앞으로 우리 조계종의 큰 대들보가 될 것입니다." 하고 칭찬을 하니 어른스님으로부터 직접 칭찬을 들은 행자들로서는 이만저만 감격스러운 것이 아니었다. 나중에 알고 보니 만나는 행자마다 같은 말을 해서 그 감동의 도수가 좀 떨어지긴 했어도 "일체중생

一切衆生 실유불성悉有佛性(모든 중생에는 부처가 될 자질이 있다)"의 이치를 마음 속으로 부터 끄집어내어 한결같이 쓸 수 있는 힘은 크나큰 고행과 정진력이 수반되지 않으면 불가능한 일이다.

그런 스님도 젊은 시절에는 보통 말썽꾸러기가 아니었단다. 가는 곳마다 시비요, 투정이 심해서 그 소문이 전국 선원에 알려져 그를 선방에 들이는 것조차 모두가 꺼려할 지경에 이르렀다고 한다. 그런 그가 결제를 앞두고 상원사에 와서 입방入房을 요청했다. 한암스님도 그에 대한 소문을 자세히 알고 있던 터라 방부를 거절했는데 꿇어앉아서 제발 받아달라고 간청을 하는 그에게 한 가지 조건을 제시했단다.

"상원사 도량에서 어떤 사람이든 시비를 할 때에는 무조건 자네가 달려 나가서 불문곡직하고 '제가 잘못했습니다.' 하고 싸움이 멈출 때까지 그렇게 하고 있을 수 있겠는가?"

한참을 고개를 숙이고 생각하던 지월스님이 "그렇게 하겠습니다." 하고 나서 한철을 지내게 되었는데 별나게도 그 철에 시비가 많이 일어났고, 그때마다 지월스님이 달려가서 진심으로 고개를 숙이며 합장하고 "제가 잘못했습니다."를 반복했다는 것이다. 처음에는 불난 집에 부채질 하느냐며 또 다른 화살을 맞기도 했지만 아랑곳하지 않고 계속 같은 말과 행동을 취하니 시비를 건 당사자들이 감동하여 이내 잠잠해졌다는 이야기였다. 선방의 말썽쟁이가 제일의 인욕보살로 환생하였으니 신통한 일이 아닐 수 없다. 늘 상대를 통해서 자신을 비춰 보면서 나와 남 모두에게 함께 이로운 보살행을 실천한 말썽꾸러기 지월스님은 한암대종사가 드리운 법력의 그늘에서 그 싹을 틔워 급기야 큰 나무가 된 것이다.

눈 밝은 대종사!
운수납자는 그 눈 밝은 대종사의 감로수를 먹고 자라는 것이다

가야산의 호랑이, 성철스님

대웅전에서 큰 법회를 마치고 나온 어느 날, 어간문御間門에서 나온 큰스님들과 양쪽 문을 통해서 나온 선방과 강원의 승려들이 함께 큰 계단 쪽으로 몰려나오다가 성철스님께서 체격 좋은 학인과 마주쳤다.

"니 몸 보이 씨름 잘 허겠제. 내하고 한 판 붙어 보까?"

하시면서 장삼 자락을 걷어 부치던 성철스님. 그분은 분명코 가야산의 큰 호랑이이면서도 사중을 이루는 대중大衆 비구, 비구니, 우바새, 우바이 의 한 사람이었다. 그 자리에 혜암, 일타스님 등등 기라성 같은 어른 스님들과 130여 명의 젊은 스님들은 그 모습을 바라보면서 얼굴 가득 웃음을 지으면서 높고 푸른 가야산에 묻혀 사는 납자의 긍지를 한껏 즐겼다.

맨 앞줄 중앙이 성철스님이시고 오른쪽으로 전 종정 혜암스님이며 그 바로 곁이 일타스님이신데 세 분 모두 무상無常의 법칙 따라 열반에 드셨다. 왼쪽에서 두 번째가 해인사 율주인 종진스님이고 오른쪽 두 번째는 봉암사 수좌 적명스님이다. 기후는 맨 뒷줄 오른쪽에서 두 번째이다.

어느 날이었던가? 점심공양 후 내 방에서 좀 쉬고 있는데 건넌방 궁현당에서 소란스러운 소리가 들려왔다. 쿵콰당! 하는 소리와 함께 학인들이 비명 섞인 소리를 내면서 맨발로 뛰쳐나오고 있었다. 무슨 일인가 싶어 툇마루에 나와 보니 큰스님께서 긴 막대기를 휘두르면서 지대방을 급습한 것이었다.

"이놈들, 밥만 쳐 묵고 잡담이나 할라커든 몽땅 너그 집으로 가그라!"

성철스님이 소림사 검법을 보이듯 긴 주장자를 들고 갑자기 쉬고 있는 학인들 처소를 찾은 것이었다. 학인들은 놀라 비명을 지르면서 큰 방을 뛰쳐나오고 있었으나 그것은 또 다른 행복의 비명이었다. 성철 어른스님께서 이제 막 수계한 초발심 학인들 방에 와서 성철스님만의 방법으로 객기 가득한 장난을 치신 것이었지만 그런 모습이 성철스님만이 갖는 큰 매력 중의 매력이었다. 가야산과 종단의 가장 큰 어른이자 무서운 스승이셨던 성철스님의 소탈하고 자상한 인간적인 모습은 그들 모두에게 두고두고 아름다운 영상으로 새겨져 있을 것이다.

가만히 생각해 보았다. 한 사람이 승속僧俗을 불문하고 대중들의 권위와 존경을 한 몸에 받을 수 있는 조건은 무엇일까? 수행자의 경우는 말할 것도 없이 철두철미한 수행으로 얻은 법력法力이다. 수행의 법력 없이 어찌 수많은 납자의 지도자가 될 수 있을 것인가? 다음으로 깊이 쌓여진 학문이다. 언제 어디에서든 학인들의 이론적 궁금증을 명쾌하게 풀어줄 수 있을 만큼 박학다식하여야 할 것이다. 그리고 그 다음은 풍부한 인간적 매력과 끊임없는 자비와 연민이다. 이 세 가지를 갖추어야만 비로소 산중의 큰 어른

이라 부를 수 있다. 그러한 어른스님이 있는 산문에는 언제나 법향法香(진리의 향기)이 마르지 않는다. 바로 그러한 분이 성철스님이셨다. 꼭 28년 전인 1983년, 그곳에서 일 년 넘도록 승가대 강사로 지내면서 그 분을 가까이서 모실 수 있는 기회가 있었는데 참으로 걸출한 스승임에 틀림없으셨다.

이제는 한국의 산중이 예전 같지 않다. 산은 같은 산이지만 그 높고 푸른 산을 찌렁찌렁 울렸던 주장자가 점점 힘을 잃어가니, 산 또한 주장자 따라 가벼워져 가고 있다. 안타까운 일이 아닐 수 없다. 옛말에 명산이 되는 조건에는 귀신이 있어야 하고, 산적이 함께 살고 있어야 하고, 맹수가 도사리고 있어야 한다고 했다. 그리고 그것들을 모두 아우를 수 있는 눈 밝은 수행자가 있어야 비로소 명산이라고 불릴 수 있다고 한다. 그러한 조건이 충족되지 않고 그냥 이름과 그 모습만이 덩그렇게 남아 있는 명산대찰들은 그저 허허로운 외침만이 산울림이 되어 울고 있을 뿐이다. 눈 밝은 대종사! 운수납자는 그 눈 밝은 대종사의 감로수를 먹고 자라는 것이다.

언젠가 죽음 앞에서

그대의 목숨을 내놓아야 할때

그대는 무엇을 지니고 갈 수 있으리.

- 쌍윳다니까야 -

4

구름이 되다

수행자생활은 생명을 지탱하는 방법과 그것들의 가치를
아는 일부터 시작한다

출발선 위에 서다

봄비가 보슬보슬 내린다. 보통의 사람들은 이런 날이면 김이 모락모락 나는 맛있는 음식을 만들어놓고 가까운 사람들과 머리를 맞대고 재미나는 이야기를 하거나, 재미있는 소설이나 영화 한 편을 꺼낸 다음, 마음 놓고 읽거나 보는 것이 제격일 것이다. 하지만 둘 가운데 하나라도 할 수 있는 형편이 안 되는 산중이다 보니 흐르는 물을 따라 과거로 거슬러 가 속절없이 지난날의 한때를 회상해본다. 내 인생의 출발선은 어려서 앓은 천연두로 얽혀 있는 내 자신의 얼굴에 대한 열등감이 팽배했던 우울한 날들의 초상이었다.

범어사梵魚寺를 거쳐서 통도사通度寺 자장암慈藏庵에 머물다가 보광전寶光殿 선원에서 공양주 노릇을 하던 어느 날이다. 행자 셋이서 손수레를 끌고 큰절에 쌀을 실으러 가던 때가 떠오른다. 시절을 헤아려보니 1967년. 지금부터 꼭 44년 전의 일이다. 그때 두 사람의 행자는 이교와 양우라는 사람으로 나와 함께 수계했으나 환속한 지 오래 되어 소식을 알 길이 없다. 그들은 지금 어디에서 무엇을 하며 살고 있을까?

어느 날 문득 부모와 고향을 등지고 집을 나섰던 이 사람들, 아마 이들도 삶의 허상에 대해 깊은 회의를 품고 그 실체를 찾아 심산유곡의 절간을 찾았을 것이다. 이렇듯 삶의 진정한 실체를 찾기 위해 출발선 위에 서 있는 이를 절에서는 행자行者라고 부른다. "지금 여기"라고 이름 하는 압축된 시공時空의 순간들을 가장 격렬하게 살기 위해 산문에 첫 발을 딛은 사람들은 누구나 행자생활부터 시작한다. 그리고 그 행자생활을 통해 '수행자의 삶'이라는 하나의 긴 선線을 만들어간다. 쌀을 씻어 밥을 짓고, 산채를 캐어 반찬을 만드는 일로부터 시작되는 수행자생활은 생명을 지탱하는 방법과 그것들의 가치를 아는 일부터 시작하게 된다. 그것을 알아야 생명의 본성을 어렴풋이나마 짐작하게 되고, 그 어림잡음의 힘이 삶의 정체성을 알게 하는 단초가 될 수 있기 때문이다.

나는 삼년 여의 행자생활을 하였다. 나는 행자를 했던 그 시절을 매우 좋

범어사를 거쳐서 통도사 자장암에 머물다가 보광전 선원에서 공양주 노릇을 하던 어느 날이다.
행자 셋이서 손수레를 끌고 큰절에 쌀을 실으러 가다가 금강계단 앞에서 한컷. 두 사람의 행자는 이교와 양우라는 사람으로 환속한 지 오래 되어 소식을 알 길이 없다.

아한다. 열정으로 가득 찼고 순수함을 간직했던 때 묻음 없던 시기였기 때문이다. 나는 행자시절 보광전 앞 냇가에 나가서 납작한 돌을 책상으로 삼아서 원효대사가 지은 '발심수행장發心修行章'을 고래고래 소리 질러 읽어 내려가곤 했다.

"여러 여러 부처님이 부처 세계 이룬 것은
셀 수 없는 많은 세월 고행했기 때문이고,
이런저런 중생들이 걱정 속에 살아감은

눈만 뜨면 타령하는 탐욕 노래 때문이라.

누구 누구 할 것 없이 속상하면 하는 말이
머리 깎고 산에 가서, 도道 닦을까 하지마는
말만 하고 그만 묶은 애욕 그늘 때문이라.

그렇다고 낙심 마소.
세속에 살면서도 힘 따라 선행하면
출가와 다름없어
이 말을 명심하고 간절하게 실천하세."

    1300년 전, 원효는 이 글을 남겼으나 기후는 겨우 색 바랜 사진 한 장을 들여다보면서 산문에 든 44년의 세월을 반추해본다. 우습기도 하고 민망하기도 한 삶의 화석들은 알 듯 말 듯한 모습을 한 채 그림자로 남아 여전히 보이지 않는다. 오늘도 그저 꿈을 이고 있는 구름이 될 뿐이다.

잘잘못의 원인과 과정을 규명하려는 마음이 싹 돋을 때
자신을 성찰하고 타인의 마음을 이해하는 윤택한 삶의 지혜가 발생된다

그 이름 행자行者

처음에는 시답지 않게 여기다가도 한 번 맛을 들여 솔솔 재미를 붙여가는 것을 불교에서는 업력業力이라고 한다. 업력은 이내 습관력習慣力이 되어 괴롭고 즐거운 감정苦樂을 만들어내고, 그것들은 쌓이고 쌓여 삶과 죽음生死을 있게 한다.

꽤 오래 전 내가 행자 신분으로 머물던 절 방은 취운헌鷲雲軒이라 했다. '영축산 운수납자가 사는 집'이라는 뜻을 지닌 방으로 축, 또는 취로 읽는 앞 글자는 부처님께서 법화경을 설한 장소인 인도의 영축산靈鷲山에서 따온 것이요, 구름 '운雲'자는 운수납자雲水衲子의 약칭이다. 구름이나 물처럼 한 곳에 머물지 않고 한철 |3개월의 결제기간| 씩 선원을 옮겨 다니면서 공부하는 선승禪僧을 그렇게 부르며, 납자는 '누더기를 입은 사람'이란 뜻으로 청빈을 상징하고 있다. 끝의 '헌軒'자는 마루라는 의미로 집이나 방과 같은 것이

다. 옛날 선사들은 방 하나 하나에도 예사롭게 생각하지 않고 훌륭한 이름을 지어 붙여서 그곳에 거처하는 납자들에게 경각심을 불러일으키게 했다. 취운헌은 그러한 옛 스승들의 세심한 배려가 묻어나는 방이다.

나는 보광전에서 공양주만 일 년 여를 했다. 하지만 잘하지는 못했다. 글 읽을 욕심 때문에 열시가 다 되어서야 방에서 나와 쌀을 씻고 불을 지피니 늘 시간이 부족해서 뜸이 제대로 들지 않았다. 어느 날 원경노스님께서 공양을 끝내고 나서 "공양주야, 밥이 모래 찐 것 같다."며 지나가며 한 말씀 하셨다. 뒤따라 오던 혜천스님은 눈을 껌뻑거리면서 "괜찮다"고 거들었다. 밥이 잘 되었는지 아닌지는 솥뚜껑을 열고 주걱을 대는 순간 당장 알 수 있는 것인데 내가 생각해도 노스님의 말씀이 맞았다. 그런데도 큰절 강주스님이 행자인 나를 스님들과 함께 공부하도록 배려한 마음에 보답해야 된다는 생

 영축산靈鷲山

영축산의 원어는 Gijjhakuta pabbata이다. 독수리Gijjha들이 그곳의 봉우리kuta에서 살았다고 해서, 또는 그곳의 봉우리가 독수리를 닮았다고 해서 독수리봉이라 부른다.
세조 9년 1463년 간경도감에서 간행된 법화경언해法華經諺解에 독수리 '鷲'자를 '취'라고 하지 않고 '축'으로 읽었는데 언제부턴가 한자 자전에 독수리 '취'로 표기되어 혼동되기 시작했다. 그래서 불가에서는 '鷲'자를 '취'로 읽지 않고 '축'으로 읽는다. 통도사가 있는 산을 영취산이라 하지 않고, 영축산이라 부르는 까닭이다.

이 날도 쌀 실으러 가던 날에 찍은 것이다.

각으로 글공부에 너무 치중하다 보니 항상 그러한 실수를 반복하게 된 것이다.

무슨 일을 하든지 욕심을 먼저 앞세우게 되면 항상 문제가 따른다. 욕심 속에는 언제나 조바심과 허세, 그리고 불안감이 웅크리고 들어앉아있음은 불문가지不問可知인 것이다. 특히 장작을 때서 밥을 하는 것은 생각만큼 쉬운 일이 아니었다. 무슨 일을 하더라도 결과를 좋게 하려면 시작과 과정, 그리고 여러 조건들을 충족시켜야 되지, 그저 아무렇게나 되는 것은 하나도 없다. 나무로 밥을 지을 때는 10분 이상 쌀을 불리는 게 좋고, 그 다음에는 물이 적당해야 되고, 불의 세기가 일정해야 하며 마지막으로 뜸을 들이는 시간이 충분해야 된다. 이런 네 가지 조건이 충족되면 언제나 맛있는 밥이 되게 마련이다. 지금은 스위치만 누르면 자동으로 밥이 되기 때문에 큰 걱정이 없지만, 모든 것을 기계에 의지하다 보면 우리들의 삶의 뜨락은 자연 황폐해질 수밖에 없다.

우리들의 삶은 경험의 연속이고 반복이다. 그 속에서 잘잘못의 원인과 과정을 규명하려는 마음이 싹 돋을 때 자신을 성찰하고 타인의 마음을 헤아리고 이해하게 되는 윤택한 삶의 지혜가 발생된다. 시작과 과정을 목적처럼 하나로 묶어서 살 수 있는 삶, 그것을 원효는 "쌀로 밥을 짓는 사람"에 비유했고, 그 반대의 모습을 "모래로 밥을 지으려는 이와 같다"고 나무랐다.

한 톨의 종자나 한마디의 말이 결과에 크게
영향을 미치는 것이 법계法界의 놀라운 이치이다

절이면 어디든 좋다

 범어사梵漁寺 금강암金剛巖은 내가 처음 입산한 암자다. 1965년 추석 직전, 난 새벽 무렵 도망쳐 나오듯 출가를 감행하였다. 그러나 절에 가기는 가야겠는데 출가정보가 하나도 없었던 그때라, 그저 국민학교 5학년 가을에 소풍가서 하룻밤 자고 왔던 봉정사만 떠오를 뿐이었다. 정작 봉정사에 도착하니 "젊은 사람이 공부를 제대로 하려면 동래 범어사나 양산 통도사 같은 큰 절에 가라"고 일러주어, 그 길로 장화를 신은 채 콩밭과 솔밭 그리고 강구국민학교 교실 등에서 자면서 일주일이 걸려 범어사에 도착했다. 부산으로 수학여행을 갔을 때 생전 처음 바다구경을 하고, 영도다리를 들었다 놓는 것도 보고, 용두산 공원에 올라가서 부산 시내를 바라다 보면서 비둘기들에게 먹이도 주어 보았던 것이 고등학교 3학년 때였다. 그때 동래에 있는 삼우관이라는 여관에서 묵었는데, 사람들이 이튿날 모두 범

어사에 올라간다는 것이었다. 나는 가방을 지킨다고 절에 올라가진 않았지만 그때 들은 '범어사'라는 딱 한마디가 인연이 되어서 발길이 이쪽으로 향하게 된 것이다. 한 톨의 종자나 한마디의 말이 결과에 크게 영향을 미치게 되어 있는 법계法界의 놀라운 시스템에 다시 한 번 놀라고 있다. 옛 어른들이 작은 선善이라도 선행은 받들어 행하고, 작은 악惡이라도 악습은 익히지 말라고 한 까닭이 여기에 있다.

일주일 동안 안동, 강구, 영덕, 포항을 거쳐서 부산에 당도하여 물어물어 찾아간 곳이 범어사다. 마침 어산교를 지날 무렵, 저녁 예불 시간인 듯 금정산은 범종소리에 고요히 둘러싸이고 있었다. 이제까지 내가 가 보았던 절은 고작 안동지방의 작은 암자 정도에 지나지 않았는데 생전 처음 만나는 대찰 범어사의 저녁 분위기는 그야말로 숨도 제대로 쉬지 못하게 하는 장중함, 그 자체였다. 종무소에 가서 '승려가 되러 왔노라' | 유식하게 보이려고 불경을 연구하러 왔다고 했다 | 고 했더니 신분증 제시를 요구하며 이것저것을 물어보며 아래 위를 훑어보더니 시원찮은 몰골로 보였던지 암자에라도 가겠느냐고 물었다. '절이면 어디든 좋다'고 해서 찾아 올라간 곳이 바로 금강암이다. 그곳에는 공양주가 없어서 '민영'이라는 스님이 행자 한 사람을 큰절에 부탁했던 터라 반갑게 맞이해주었다. 주지스님은 연세가 상당히 많은 노스

님으로 얼굴이 해맑았고 고개가 오른쪽으로 약간 기우러질 정도로 기도를 많이 한 분으로, 간헐적으로 코를 훌쩍거리는 키가 작은 분이었다. 그는 내 이름과 고향을 물은 후 절에 처음 오면 행자라고 부르며 밥부터 지어야 하는데 할 수 있겠느냐고 물었다. "학교 다닐 때부터 자취를 오래했다"고 했더니 그럼 잘 해 보라고 했다. 그날 이후 근 2년을 그곳에서 공양주 노릇을 했다. 그동안 여러 번 몰래 도망갔다가 다시 돌아오곤 했지만 그때마다 주지스님은 한마디의 나무람이나, 왜 갔느냐는 등의 말씀도 없었다. 내가 평소 깔끔한 성격이기도 했고 또 행자가 필요한 절이기도 하였겠지만 지금 생각해 보면 그 스님은 인연의 원리를 그대로 수용하고 체화體化하는 훌륭한 수행자인 것이 분명했다. 비록 그 스님의 제자는 되지 않았지만 수계 후 인사도 드릴 겸 금강암을 자주 찾았고 이후에도 해제 때면 반드시 한 번씩 들리곤 하는 마음의 고향 같은 절이 되었다.

행자 시절 기억에 남는 한 거사는 이북사람으로 조방 앞에서 살다가 무슨 병을 얻어 그 암자에서 기도하고 있었는데 반야심경 기도를 해서 병이 나았다고 했다. 그 뒤 산신각에서 기도를 하는데 호랑이가 내려와서 꼬리로 그의 등을 쓰다듬어 주기도 했다고 우리에게 자랑을 하기도 했다. 그 뒤 어느 날 밤 꿈에 금정산 산신령이 호랑이 새끼 두 마리를 가슴에 안겨 주었다고

하면서 자기는 장차 멋진 두 남매를 두게 될 것이라고 신나게 얘기하더니 과연 46세에 결혼을 해서 아들은 의사, 딸은 유능한 피아니스트로 길러냈다. 그리고는 느지막하게는 승려가 되어서 내가 해인사 강사를 할 때 그곳에 와서 선방과 강원 스님들에게 약화제 | 무면허 한의사였음 | 를 잘 써 주기도 하다가 여러 해 전에 별세하였다.

그대의 마음 속에는 밝게 빛나는 보름달이 있다.
하지만 구름 속에 숨어 있어 밝기는 하지만 비추지는 않는다.
− 전등록 −

떠날 때는 언제나 설렘과 불안함이 함께한다

이곳을 떠납니다

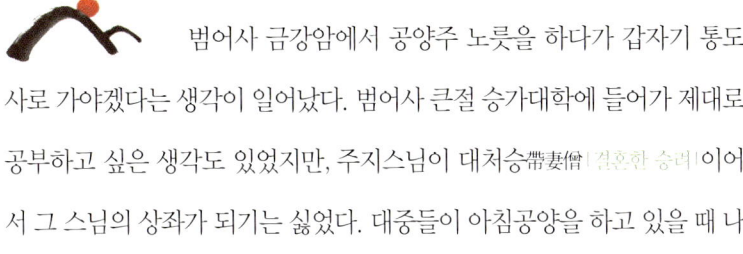 범어사 금강암에서 공양주 노릇을 하다가 갑자기 통도사로 가야겠다는 생각이 일어났다. 범어사 큰절 승가대학에 들어가 제대로 공부하고 싶은 생각도 있었지만, 주지스님이 대처승帶妻僧 [결혼한 승녀]이어서 그 스님의 상좌가 되기는 싫었다. 대중들이 아침공양을 하고 있을 때 나는 큰 솥 등 자잘한 것들까지 모두 설거지를 해놓고 방을 나섰다.

"주지스님, 인연이 다 되어 이곳을 떠납니다. 부디 건강하십시요. 공양주 행자드림"

작은 쪽지에 이렇게 적어서 봉투에 넣어 주지스님 방 앞마루에 작은 돌로 눌러 두고는 금강암을 나섰다. 남 몰래 도망가는 짜릿함과 없어진 뒤에 남

"스님, 인연이 다되어 이곳을 떠납니다." 공양주 행자드림

아 있는 사람들의 설왕설래를 상상하면서 산문을 나서는 재미는 운수납자의 또 다른 재미다. 이미 난 그런 분위기를 즐긴 지도 벌써 여러 차례였다. 광목 두루마기에 풀을 많이 해서 사그락 소리가 날 정도의 뻣뻣한 옷을 입고 나선 범어사의 일주문. 떠날 때는 언제나 설렘과 불안함이 함께한다. 나도 어쩔 수 없이 설렘과 불안한 마음을 안고 양산행 버스에 몸을 실었다. 그리고 걸어서 통도사에 도착했다. 그때가 여름 결제중이라 '행자가 건방지게 함부로 돌아다닌다'는 통도사 주지스님의 야단을 맞고서야 종무소에서 소개해 준 곳이 바로 자장암이었다.

소개장을 들고 찾아간 자장암의 대문에 들어서니 커다란 보리수나무의 그늘이 평상 위에 가득했고, 그 평상 위에는 몸집이 우람하고 얼굴이 희멀겋게 잘 생겨 지장보살의 화신 같은 한 스님이 염주를 굴리며 나를 흘깃 바라보았다. 나는 그 스님에게 종무소에서 받은 쪽지를 내밀었다. 서로 인사를 나누고 나서 하는 말이 "나도 행자입니다" 하는 것이었다. 그러면서 "암주스님은 어느 날 두툼한 편지를 받고 난 다음, 산에 가서 눈이 퉁퉁 부울 정도로 울고 내려오더니 잠시 다녀온다고 떠난 지 한 달이 다 되었는데 여전히 소식이 없습니다."고 하면서 자기는 임시로 이 절을 지키고 있는 중이라고 했다.

난 마음이 매우 편안해졌다. 저녁예불에 참석해 보니 그는 염불도 시원치 않았고, 음성도 신통치 않았다. 절밥을 먹은 지 2년이나 된 나는 천수경은 물론 불공과 제사의식까지 할 수 있는 정도가 되어 있었다. 나는 초성도 상당해서 금강암에서 100일 염불기도까지 한 베테랑행자였다. 이런 자신감이 들자 내심 교만한 마음까지 생기기 시작했다. 그날 이후 내가 대리 주지 행세를 하는 형편이 되고 보니 통도사에 오길 매우 잘 했다는 생각까지 들었다. 자장암은 금개구리가 나온다고 소문이 나서 손님들이 많이 방문하는 곳이었다. 1400여 년 전 신라 27대 선덕여왕 때, 자장율사는 중국 당나라 오

대산五台山 |중국 산시성 북동부에 있는 불교의 성지| 운제사雲際寺의 문수보살 앞에서 기도를 드린 후 부처님 가사와 사리를 얻어 모시고 귀국했다. 자장율사가 통도사 터에 와서 절을 세우려 하니 연못에 살고 있었던 용 아홉 마리가 절을 짓는데 결사항전해서 하는 수 없이 이곳 자장암터에서 작은 움막을 짓고 임시로 수행하고 있었다고 전해진다. 그런데 큰 석벽 아래에 있는 샘물에 금개구리 한 마리가 둥둥 떠 다녀서 자장스님이 신통을 부려 손가락으로 바위에 구멍을 내어서 그곳에 집어넣었다는데, 지금까지 그 금개구리가 살고 있다는 전설이 어린 곳이다.

나는 "괜한 소리겠지" 하고는 코웃음을 치고 있었는데, 어느 날 이른 아침

 자장율사慈藏律師 590~658

자장율사는 638년 선덕여왕 7년에 승실僧實 등 제자 10여 명과 함께 당唐나라로 가서 문수보살文殊菩薩이 머물러 있다는 오대 청량산淸凉山의 문수보살상에 기도하여 부처님의 진신사리와 가사를 얻었다고 전해진다. 선덕여왕 12년, 여왕은 당 태종에게 글을 보내어 자장을 보내줄 것을 요청하여 자장은 진신사리와 가사, 그리고 불상과 불경 등을 갖고 귀국하였다.
이때 가져온 400여 아함경과 사리를 경상남도 양산 통도사에 봉안함으로써 통도사가 우리나라의 불사리佛舍利 신앙의 출발점이 되었다. 그리고 그 앞에 금강계단金剛戒壇을 쌓아 지금도 출가스님의 시작점이 되고 있다. 자장율사는 통도사 대웅전 뒤 주련柱聯에 불탑을 쌓은 뒤 다음과 같은 게송을 붙여 놓았다.
"만대까지 불법의 수레를 굴린 삼계三界의 주인. 사라나무 아래에서 열반에 드신 뒤 몇 천 년이 지났던가, 진신사리 이곳에 있으니 널리 중생의 예불 쉬지 않게 하리"

萬代轉輪三界主 雙林示寂幾千秋
眞身舍利今猶在 普使群生禮不休

공양주보살이 내 방 앞에 와서는 "행자님, 행자님, 금개구리가 나왔어요, 금개구리…" 하는 것이었다. 전등을 들고 황급히 나가서 보니 과연 누런 개구리가 그 작은 바위구멍에서 목젖을 들썩거리며 앉아 있지 않은가? 나는 그날 아침 공양하기 전까지 네 번이나 들여다보고 또 들여다보았는데 그 이후 칠석날이나 백중百衆│음력 7월 15일. 우란분재 때에 백가지의 꽃과 과일을 공양한다. 해제 날이기도 한 불교의 명절│ 등 이름 있는 날에도 금개구리는 자주 출현하여 사람들을 놀라게 했다.

풋내기 사문沙門들의 풋풋한 모습들을 보면
소리 없이 흘러간 세월의 무상함을 느낀다

사집四集을 끝내다

사집四集은 승가대학에서 공부하는 2학년 교과목이다. 서장書狀과 선요禪要, 도서都序와 절요節要 이 네 가지 책을 한데 묶어서 사집이라고 한다. 서장과 선요는 선문禪門에 관한 것이고, 도서와 절요는 교학教學 중심의 내용을 담고 있는데 서장과 선요, 도서 세 책은 중국 스님의 저술이고, 절요만 고려 보조국사의 작품이다. 사집을 공부할 때쯤 되면 강원에 들어온 지 2년이나 되어서 절 생활도 제법 익숙해져서 살만할 때이다. 그렇지만 무엇보다도 밤이 긴 겨울에 밤 9시까지 고래고래 글을 읽으려면 힘도 들지만 배가 고파서 소리가 잘 나오질 않는다. 큰 방에 20여 명이 서로가 책상을 마주하고 글을 읽다보면 눈길이 자꾸 시계 쪽으로 가게 마련이다. 이런 날 밤이 되면 상반스님 가운데 싱거운 사람이 분위기를 잡는다. 한문 옥편 사전 껍데기를 들고 제일 윗자리로부터 모금 운동이 벌어진다. 그는 말

사집四集과정을 마치고 대웅전 앞에서 기념사진을 남겼다. 한때 풋풋했던 승려들도 이제는 치아도 빠지고, 머리가 허연 노장들이 되었다. 의자에 앉은 세 분은 모두 고인이 된지 이미 오래다.

도 잘하고 웃기기로 유명한 고소스님이다. 각설이 타령 등 온갖 재담을 터트리며 한 바퀴 돌게 되면 상당한 금액이 모인다. 그렇게 되면 몇몇은 신평에 내려가서 라면을 사오고 또 몇몇은 물을 끓인다. 그때는 라면이 제일 큰 대접을 받던 때라 모두 입맛을 쩝쩝 다시며 그 시간을 기다린다. 자다가 웬 떡이란 말이 있듯이 글을 읽다 밤참으로 먹는 그 라면 맛, 그렇게 한바탕 소동을 벌이고 나면 곧 취침 시간이 다가온다. 라면공양이 있는 날은 모두가 싱글벙글이다.

그 다음 밤참으로 인기가 좋은 것은 곳간에 묻어둔 홍시이다. 늦은 가을에 많은 감을 따서 마른 솔잎을 밑에 깔고 아무렇게나 쌓아둔 감이 얼고 터져 맛있는 홍시가 되면 곳간에는 쥐와 사람이 수시로 드나들게 되어 홍시보다 쥐똥이 훨씬 더 많이 쌓여 있게 된다. 인공적이 아닌 자연적으로 만든 홍시라서 겉은 볼품없지만 속맛은 일품이다. 그런 홍시를 누군가가 큰 대소쿠리에 잔뜩 담아 와서 쉬는 시간에 큰 방에 갖다 놓으면 처음엔 모두가 엉거주춤하고 있다가 먹새 좋은 스님이 맛있게 먹는 걸 보게 되면 너도나도 슬그머니 달려든다. 한 소쿠리의 홍시는 삽시간에 동이 나고 모두가 입가에 묻은 감을 씻어 낸다고 샘물가를 들락날락거린다.

　그 다음의 인기 품목은 바로 누룽지다. 대중공양을 나무를 때서 하다 보니 맨 아래는 언제나 누룽지로 가득 차 있다. 조금 거짓말을 보태면 천년 묵은 거북 등짝보다 더 크게 눌러 있는 것을 밥 삽으로 잘 떠내서 접어두면 그것이 학인들의 밤참으로 요긴하게 쓰이는 것이다. 8시가 넘어 9시가 가까워 오면 누구나 할 것 없이 윗 눈꺼풀이 무거워지면서 글 읽는 소리가 점점 사그라들기 시작하고, 어떤 스님들은 아예 옥편을 베개로 삼아 자는 이도 더러 생긴다. 이때쯤 누룽지 소쿠리가 들어오면 처음엔 시큰둥하게 여기다가도 누군가가 아삭아삭 맛있게 먹는 소리를 내면서 고소한 냄새를 풍기기 시작하면 얼른 소쿠리를 돌리라고 성화를 하게 된다.

20여 명의 승려들이 서로 마주보면서 누룽지를 오물오물 먹는 그 모습은 흡사 다 큰 누에들이 뽕잎을 와삭와삭 먹는 소리와 풍경이 비슷하다. 그것마저 떨어지면 이번엔 동량을 독려한다. 그 당시는 월말에 각 반에서 시험을 쳤는데 1등은 500원, 2등은 300원, 3등은 200원의 상금을 사중에서 주었는데 그것을 털어서 건빵을 사먹기도 하였다.

이런저런 강원 안방에서의 공부 풍경, 봄이 오면 통도사 사중 논에서 모심기를 하는 동안 무논 일을 하러 온 지산, 평산 처녀들에게 농담도 던지던 한솥밥의 젊은 도반들. 그들도 이젠 치아도 빠지고 얼굴도 늙고, 머리도 허연 노장이 되어 있다. 풋내기 사문沙門들이 소리 없이 흘러간 세월의 여울 속에 사진만 남아서 인생의 무상함을 전해주고 있다.

한 생각으로 맺어진 꿈속의 인연들이 바로 진리의 주체이며,
아름다운 삶을 가꾸게 되는 향기로운 에너지이다

훤출 반야, 깐깐 기신

승가대학 3학년 교과에는 능엄경과 대승기신론, 원각경, 금강경이 들어 있다. 그 중에서 금강경은 문맥이나 내용이 시원시원하고 훤출하다 해서 '훤출 반야'라고 했고, 대승기신론大乘起信論은 매우 조직적이면서 그 내용이 까다로워서 '깐깐 기신'이라 불렀다. 대승기신론은 보통 줄여서 기신론이라고 부르는데 인도의 마명馬鳴[아슈바고샤 Asvaghosa 100?~160?] 스님이 지었다고 전해지며, 대승의 논장論藏 중에서는 가장 으뜸으로 여긴다. 논장이란 불교의 삼장三藏[부처님의 가르침을 모은 경장, 제자들의 논장, 계와 율에 관한 율장] 가운데 하나로 부처님의 말씀을 간결하게, 그리고 좀 더 이해하기 쉽게 해석한 부처님 제자들의 저서를 그렇게 부르고 있다.

대승불교의 대표적 논서 가운데 특별히 기신론을 으뜸으로 삼는 까닭은 그 내용이 깊고 풍부할 뿐만 아니라 표현이 매우 간결하고 뛰어나기 때문이다. 기신론 서문에 저자 자신이 자문자답 형식으로 이론서를 짓게 된 까닭을 적고 있는데, 그가 내세운 여덟 가지 이유 중 첫 번째는 부처님의 참뜻을 한 권의 책에 담아내는 데 있다고 하였다. 불경의 종류와 양이 너무나 방대하여 어떤 경전을 읽고 공부해야 불교의 진수를 쉽게 알 수 있을지는 현대에 와서도 매우 난해한 일인데 그 심오한 가르침을 한 권에 고스란히 담아보려고 대승기신론을 지었다는 것이다.

마명은 기신론에서 부처님 말씀의 핵심을 오직 '한마음일심, 一心'이라 표현했다. 진리의 근본은 하나의 마음이며 의식 작용이라는 것이다. 그것은 화엄경의 뜻과도 일맥상통하는 것으로 이론의 여지가 없다. 진리의 근본은 바로 현재의 '중생심' 그 자체라는 뜻으로, 매우 현실적이면서도 적극적이며 명쾌한 표현이다. 우리는 법이나 진리의 주체를 애매하게 표현하거

대승기신론大乘起信論

대승불교의 대표적 논서, 줄여서 기신론起信論이라고 부른다. 대승불교에 대한 믿음을 일으키게 하기 위한 논서로 인도의 마명스님이 기원 후 2세기경에 저술하였으며, 서기 550년경에 한문으로 번역된 것으로 보인다. 산스크리트어 원본은 남아 있지 않다.
대승기신론은 대승불교의 진수를 작은 책 속에 간결한 문체와 정연한 논리로 요약해 놓은 것으로서 중국·한국·일본을 비롯한 동북아시아 불교의 발전에 큰 영향을 끼쳤다. 대승기신론이 대승불교에 미친 영향이 컸던 만큼 대승기신론에 대한 역대의 주석서는 1,000여종 이상 있지만 원효元曉가 지은 대승기신론소大乘起信論疏가 그 가운데 특별히 중요시되었다.

…교 중 한 과목인 기신론起信論을 마치고 나서 특별히 기념사진을 찍었다.

나, 아니면 그것들을 신비스럽게 신격화 해버리는 경우가 허다한데 기신론의 경우는 매우 소박하고 간결한 보통명사로 '일심一心'이라고 표현한 것이다. 참으로 알기 쉽고 친근감 있는 표현이 아닐 수 없다.

우리가 일상적으로 떠올리는 마음속에는 언제나 참과 거짓이 동시에 공존한다. 이 두 가지의 마음 중 어느 것을 선택하느냐에 따라서 스스로의 삶

의 질이 달라지고, 각자의 마음을 어떻게 쓰느냐에 따라서 가정과 사회의 분위기가 놀랍도록 변하는 것이다. 그것을 기신론에서는 '두 종류의 문二門 이문"이라고 했으며, 그 마음의 세계는 세 가지의 큰 공덕을 내포하고 있다고 했다. 진리의 본래적인 바탕은 무한대이고, 선악 등의 온갖 공덕을 지을 수 있는 능력은 무진장이며, 현실적으로 나타내 보이는 역동적인 사실은 측량할 수 없다는 것으로 그것을 각각 체대體大 | 모든 것을 포괄하나 일체의 분별이나 증감이 없음 | , 상대相大 | 모든 훌륭한 성질과 공덕을 갖춤 | , 용대用大 | 마음의 올바른 쓰임으로 모든 선한 인과를 만들어냄 | 라고 하였다. 일심一心, 이문二門, 삼대三大라 불리어지는 이 세 가지 표현이 우리 마음이 갖고 있는 내재적인 힘이며, 진리의 바탕이 된다고 역설하고 있는 책이 바로 마명의 대승기신론이다.

우리의 마음을 잘못 사용하면 곧 생사生死로 이어져 고통의 세계를 동반하게 되고, 그 반대로 잘 사용하면 상락아정常樂我淨 | 절대적으로 영원하고 즐거우며 참된 자아가 확립되어 항상 청정한 상태 | 의 열반세계를 향유하게 되는데 그것은 마음씨를 어떻게 심고 어떻게 가꾸느냐에 달려 있다는 것이다. 그 세계는 강한 믿음을 바탕으로 삼보三寶 | 붓다, 붓다의 가르침, 붓다의 제자집단 | 의 제자집단에 의지해야 하며, 이른바 네 가지 믿음四信을 실천하여 얻어진다. 참된 마음을 가꾸려는 의지를 강하게 갖고, 부처님의 말씀을 따라 늘 실천하면 큰 공덕이 생기고, 진리의 법을 의지하여 살아가면 항상 큰 이익이 있으며, 부처님의 법을 따르는 승가를 따라 살면 화합의 이치를 배울 수 있다는 것

을 굳게 믿는 것이 바로 네 가지 믿음四信의 길이라고 하였다.

   그 다음 이어지는 것이 다섯 가지 실천적 수행이다. 바로 보시, 지계, 인욕, 정진, 지관이 그것이다. 이것을 통틀어 일심, 이문, 삼대, 사신, 오행이라고 하는데 이른바 이것이 기신론의 골격이다. 한 생각으로 맺어진 꿈속의 인연들, 그것이 바로 진리의 주체이며, 아름다운 삶을 가꾸게 되는 향기로운 에너지란 것을 기신론 과목을 마친 선물로 얻었다.

화엄경이 부처님께서 깨달으신 진리의 세계를
구체적으로 설명한 법문이라면,
법화경은 그 세계를 한층 더 성숙한 내용으로 그린 법문이다

구룡신지九龍神池 옆에서

목판으로 엮어진 80권 화엄경은 한 짐이나 되는 부피였다. 동래 마하사 주지스님이 소장하고 있는 책을 사정사정 빌려와서 한지로 된 책장을 정성껏 한장 한장 넘기면서 화엄華嚴의 깊은 뜻에 눈독을 들였다. 화엄경은 3종류의 것이 있다. 40권, 60권, 80권 본이 그것이다. 시대가 흘러갈수록 화엄경의 숫자가 많아지는 것으로 보아 화엄경은 모본母本을 바탕으로 중앙아시아 지역에서 증보增補되었을 것으로 학자들은 보고 있다. 대승경전 중의 꽃으로 불리는 화엄경은 법화경法華經과 함께 대승불교사상을 화려하게 각색한 대서사시이다. 화엄경이 부처님께서 깨달으신 진리의 세계를 구체적으로 설명한 법문인 반면에, 법화경은 그 세계를 한층 더 성숙한 내용으로 그리고 있다. 때문에 화엄은 아침에 해가 뜨면서 낮은 곳부터 높은 곳으로 비춰 나가는데 비유했고, 법화는 석양의 경우로 그 반대적 상황에 조망되기도 한다. 그러나 어느 것이나 밝은 진리의 빛으로, 많은 중생들을 그늘의 세계에서 벗어날 수 있도록 도와주고 있다는 데 대해서는 한결 같다고 하였다.

옛날 어른들이 화엄경을 가르칠 때 하시는 말씀이 화엄경은 용궁에 가서 용수보살龍樹, Nāgārjuna*이 직접 갖고 나왔다는 전설을 곁들여 주기도 했다. 석등 옆 주련을 자세히 들여다보면 '용궁해장의방의龍宮海藏醫方儀'란 내용이 적혀 있는데 그것이 바로 위의 말을 대변하고 있다. 용궁에 가서 모셔온 화엄경의 내용이 마치 의사의 처방전과 같다는 해석이다. 화엄경이 깨달음의 세계를 설명했다지만 중생의 병을 고치기 위한 하나의 수단일 뿐, 의사

 용수보살龍樹, Nāgārjuna
인도의 불교 승려로 인도어로 나가르주나라고 한다. 대승불교 교리의 확립자이며, 히말라야 산 속에서 어느 수행자로부터 대승 경전을 받았다고 전해지고 있다. 대승 경전의 사상을 이론적으로 체계화하고, 부처님의 주요 가르침인 연기緣起를 공空입장에서 풀어낸 중관파의 시조이다.

 금강계단金剛戒壇
부처님의 진신사리를 모시고 수계의식受戒儀式을 집행하는 단. 불사리를 모신 금강계단은 부처님이 항상 그곳에 있다는 상징성을 띠고 있다. 금강계단은 인도에서 유래되었는데 우리나라는 당나라에서 불사리를 얻어 귀국한 자장慈藏율사가 통도사에 최초로 이 계단을 만들었다. 금강이란 금강보계金剛寶戒에서 유래된 말이며 금강과 같이 보배로운 계단이란 의미를 갖고 있다

승가대학의 마지막 과정인 화엄경華嚴經 80권을 배우고 나서 금강계단金剛戒壇 앞에 어른들을 모시고 그 흔적을 남겼다.

의 처방전과도 같은 것이다. 처방전을 들고 약국에 가서 약을 직접 사먹어야 병이 낫지, 처방전만 들고 다니며 달달 외워서는 병을 고칠 수 없다는 것이다. 그런 것을 두고 종일토록 남의 보배만 세면서 자기 것은 한 푼도 없다고 비유했으니 새겨들을 만한 말씀이다.

그래서인지 통도사는 용龍과 인연이 많은 곳이다. 통도사 대웅전 왼쪽에는 작은 연못이 있다. 아득한 신라시대에 자장스님이 그곳에 절을 지으려

고 와보니 큰 연못에 용 아홉 마리가 오글오글 살고 있었는데 "이곳에 사찰을 지어야 되겠으니 다른 곳으로 가서 살아라." 하고 권했으나 그들은 듣지 않았다. 하는 수 없이 자장율사가 석장 끝에 불화火자를 써서 연못 속에 넣었더니 삽시간에 물이 펄펄 끓어올랐다. 이에 견디지 못한 용들이 다 도망을 갔는데 맨 마지막으로 몸집이 작은 용이 나와서 자장스님께 통 사정을 하는 것이었다.

"대사님, 보시다시피 저는 눈먼 용입니다. 오갈 데가 없는 이 몸, 이곳에서 살 수 있도록 제발 자비를 베풀어 주세요. 흑흑흑"

그는 구슬 같은 눈물을 흘리며 애원하는 것이었다. 이에 자장스님은 "그렇게 하겠노라."고 하고 작은 연못을 만들어 그 용이 살도록 배려했다고 한다. 그래서 못 이름이 '구룡신지九龍神池'요, 작은 다리를 '항룡교降龍橋'라고 이름을 붙였다. 1400여 년을 살아온 그 눈 먼 용, 우리가 눈이 멀어서 볼 수 없는지 갈 때마다 물속을 들여다보아도 그들은 보이지 않고 동전만 소복하게 쌓여 있다. 눈 먼 용이 동전으로 식량을 삼는가? 천여 년의 전설이 고스란히 담겨져 있는 구룡신지의 통도사. 그 곁에서 한데 모여 사진을 찍은 스승과 제자들, 모두 남아 있는 사람들에게는 한 조각의 전설이 되어 통도를 맴돌고 있다.

근원을 알면 그곳에 이르기 위한 갖가지 방편이 무용지물이지만,
그곳에 이르지 못한 상태에서는
의지해 들어가는 나침반이 필요하기도 하다

졸업장을 들고서

꼭 40여 년 전이다. 1971년 2월, 졸업식을 마치고 천자각皇華閣 앞에서 독사진을 찍었다. 뒤에 보이는 건물은 승가대 4학년생인 대교과 스님들이 사는 전각이다. 승려에게는 무슨 졸업장 같은 제도가 없는 줄 알았는데 절에 와서 보니 대학처럼 강원講院에서 공부도 하고 또 그것을 마치면 무슨 증서도 주는 걸 알게 되었다. 진정으로 수행하는 세계에 그런 도장 찍힌 서류가 필요할 까닭이 없겠지만, 승단이란 하나의 조직 사회가 형성되다보니 사회의 풍습을 따라서 그런 의식과 쪽지도 생긴 듯하다. 수행의 세계, 특히 선禪 사상이 주류를 이루고 있는 조계종의 정통사상에서는 어쩌면 그런 형식적인 근거를 남기는 것이 가장 큰 병폐로 남을 수도 있다.

덕산德山˙은 평생을 소중하게 생각하고 짊어지고 다니던 금강경을 그의 '마음의 눈'[심안, 心眼]이 열리자 몽땅 불살라 버렸고, 단하丹霞˙는 나무로 조성한 불상을 꺼내 불을 놓아 손을 쬐었다 하지 않던가, 근원을 알게 되면 그곳에 이르게 하기 위한 갖가지 방편시설이 무용지물이지만 아직 그곳에 이르지 못한 상태에서는 의지해 들어가는 나침반이 필요하기도 한 것이다.

 덕산 선감선사 德山 宣鑑, 782~865

중국 당나라 검남 출신이며 성은 주周씨였다. 금강경에 통달하고 그 가르침을 깊이 이해하여 주금강이라는 별명을 얻었다. 덕산은 남쪽지방에 교학을 무시하고 '마음을 보아 견성성불 한다'는 선불교가 유행한다는 말을 듣고 남쪽으로 향했다. 금강경에 정통한 자신이 남방의 승려들에게 본때를 보여주기 위해서였다. 그리고 걸망에 금강경과 논서들을 가득지고 남방지방에 도착했다.
마침 점심 때가 되어 길가에 앉은 노파에게 떡을 사려고 하였다.
"걸망에 무엇이 있소?" 노파가 덕산에게 물었다. "금강경과 그에 관한 논서들입니다."
"그러면 하나만 물읍시다. 대답을 해주시면 떡을 팔고 대답을 못하시면 떡을 팔지 않겠습니다."
금강경이라면 자신 있는 덕산이 대답했다. "금강경이라면 무엇이든지 물으십시오."
"금강경에 과거의 마음도 얻을 수 없고, 현재의 마음에도 얻을 수 없고, 미래의 마음에도 얻을 수 없다고 하였는데 스님은 어느 마음에 점을 찍으시렵니까?" 덕산은 그만 입이 얼어붙었다.

 단하 천연 선사 丹霞天然, 739~824

단하선사가 낙양洛陽 혜림사慧林寺에 머물 때였다. 그날은 몹시 추운 날이었다. 선사가 법당에 들어가 나무로 만든 불상을 들고 나와 쪼개서 불쏘시개로 썼다.
밤중에 불 지피는 소리가 나서 원주스님이 뛰어나와 보니 불상이 훨훨 불타오르고 있었다.
"아, 미친 중놈아, 지금 무슨 짓을 하고 있느냐?" "나는 부처를 태워서 사리를 얻고 있는 중이네."
선사는 막대기로 뒤적이면서 태연하게 말했다. "목불木佛에 무슨 사리가 있단 말이냐?"
"사리가 없다면 부처님이 아닌 나뭇조각이 분명한데 왜 화를 내시오. 나머지 목불도 가져다 태워도 되겠군."

1971년 2월. 꼭 40여 년 전이다. 승가대 졸업장을 돌돌 말아 쥐고 천자각皇 앞에서 섰다. 뒤에 보이는 건물이 승가대 4학년생인 대교과 스님들이 사는 전 각이다.

그러나 수행자는 어떤 형식과 증표 따위를 중시하면 할수록 그만큼 실제 수행내용과는 거리가 멀어질 수도 있다. 어쨌든 그런 시류의 풍습을 따라서 4년간의 증서인 졸업장을 돌돌 말아 쥐고 천자각 앞에 앉았다. 이 사진을 보고 있으니 문득 처음 이곳에 왔을 때의 기억이 생생하게 떠오른다.

종무소에 들리기 전 먼저 적멸보궁을 참배했었다. 무더웠던 그 해 여름,

인적이 없는 도량에 후끈후끈한 열기만 가득 내려쬐고 있었다. 웅장한 대웅전에 들어가니 자못 정신이 쇄락灑落[기분이나 몸이 상쾌하고 깨끗함]하였다. 아무도 없는 적멸보궁에서 정성껏 7배를 드리고 어떻게든 이곳에서 잘 살 수 있게 되길 발원하며 머리를 조아렸다. 그리고는 도량을 한 바퀴 주욱 돌아보고 지금 앉아 있는 오른쪽 나무 옆 그늘에 앉아 상념에 젖었다. 강원을 졸업할 무렵에 그 나무는 없어졌지만 당시에는 '호랑이 발톱나무'라고 팻말에 쓰인 아담한 나무 한 그루가 있었다. 호왕목이라고 부르기도 하는 그것은 잎 끝이 마치 짐승의 발톱처럼 예리하게 갈라져 있는데, 강한 향내를 품는 매우 희귀한 품종이었다. 나는 호왕목나무가 드리워 주는 호젓한 그늘에 앉아 글 읽는 소리가 흘러나오고 있는 감로당을 바라보고 있었다. 그곳에서는 독경소리가 우렁차게 들려왔고 뒤쪽 굴뚝에선 검은 연기가 대웅전 쪽으로 휘감겨 돌아 나오고 있었다. 난 그 정경이 너무나 좋아서 한참동안 그쪽을 바라보면서 구수한 염불을 귀담아 듣고 있었다. 낭랑한 독경소리의 운율이 불안한 내 마음을 고요히 가라앉혀 주었고, 저녁공양을 짓고 있는 굴뚝의 연기는 고향에 돌아온 듯 푸근한 느낌이 가득했다.

그때 부엌에서도 크게 글 읽는 소리가 새어 나왔다. 치문緇門이란 책의 첫 구절이었다.

"고통세계 못 벗어나

부모유전 이어받아
사대로 지탱하다
늙고 병듦 시시각
내맘대로 안되다가
아침나절 잘 지내다
저녁때에 사라지니
순식간에 다른 세상
업만지고 가게되네"

    한 스님이 부엌 대문을 열어놓고 부지깽이로 땅을 치면서 계속 암송해 갔다. 그러면서 내 있는 쪽을 바라보면서 웃기까지 하는 것이었다. 옷 입은 매무새로 보아서는 행자가 틀림없는 듯한데 어쩌면 자기 후배로 들어오길 기대했는지도 모를 일이다. 그렇게 해서 영축산 통도사의 생활이 시작됐다. 금개구리 나오는 자장암 행자를 거치고, 보광전 선원으로, 그곳에서 다시 큰절로 와서 이제 대교과를 마치고 졸업사진까지 찍게 되었다. 처음 수계를 하기 전에는 스님들을 보고 나도 저런 큰 옷을 입고 제대로 발우공양을 하는 스님이 될 수나 있는 것일까 하고 걱정을 하기도 했는데 시키는 대로 해보니 때가 되어 의젓한 스님이 된 것이다. 사람 사는 곳은 어디나 똑같다. 정상적인 체격과 올바른 정신만 갖추면 어디에 내 놓아도 무난하게 살 수 있는 것이다. 그것은 옷이나 신발을 사람의 체형에 맞추듯이, 사람이 사는 어느 곳이든 인간이 살아가는데 적합하게 짜여져 있기에 말이다.

이제 대교과를 졸업하였으니 어디에 가서 무엇을 할 것인가? 길은 사통팔달로 열려진 사문沙門의 길이나 자신이 선택해야 할 스스로의 길만 남아 있을 뿐이다. 자유는 주어졌으나 갈피를 잡기에는 여전히 망설임이 많다. 나는 일단 선원으로 가기로 작정하고 주섬주섬 걸망에 짐을 챙겼다.

그곳은 오로지 정진만이 있는 곳이었다.
진심으로 정진하는 선객이 아니면 이곳에서 견디기 어려웠다

잊지 못할 첫 안거 安居

처음에 하는 일은 무슨 일이든 설레게 마련이다. 강원에서 공부만 하고 있던 학승學僧의 입장에서 선승禪僧이 되는 것은 출가의 대의大義이다. 하지만 그토록 고대하던 선원禪院에 처음 방부를 들이게 된 자격을 얻게 되니 자연 설레지 않을 수 없었다. 접하지 못했던 일에 대한 낯설음과 기대감을 함께 안고 선원 입방의 첫 철을 나는 용화선원龍華禪院에서 나기로 결정했다. 그런데 첫 철 입방에서 자칫 미끄러질 뻔한 일이 벌어졌다. 강원에서만 살다가 처음 나선 선방으로 가는 길. 걸망 지는 품새나 옷매무새만 보아도 어설픈 초자배기가 틀림없는 내가 용화사 선원객실에 든 것은 겨울 결제를 보름 남짓 남겨둔 음력 10월 초순경이었다. 그곳에 키가 크고 눈이 부리부리하게 생긴 객승이 먼저 와서 방부를 기다리고 있었다. 지금 해인사 용탑선원장 중천스님이었다. 서로 인사를 나누고 나니 지객知客

|선원을 찾아온 남자를 맞이하는 스님|이 찾아왔다. 청담스님이 입적하신 73년 무렵인데 그때는 지금처럼 입방서류가 없었고, 그저 구두로 자신의 신원을 알리면 그것을 바탕으로 지객이 조실스님께 말씀드려서 입방 여부가 결정되는 것이었다.

입방을 신청한지 삼일을 기다렸는데 선방 인원이 다 차서 이곳에서는 더 이상 살 수 없다는 지객의 말만 돌아왔다. 우리는 둘 다 선원에 다닌 적이 없어서 아는 선객이 없었으나 약간의 귀동냥은 있었다. 무조건 못 가겠다고 떼를 쓰고 있으면 결국은 받아주게 되어 있다는 어설픈 정보였다. 그러나 그것도 시절 인연을 잘 만나야 통용되는 것이지 아무 때에나 두루 적용되는 것은 아니다. 20명 정원에 2명이나 초과되는 상황이기에 아무리 버티어 보았자 소용이 없다는 2차 통보를 받고도 우리는 꿈적하지 않았다. 훌륭한 선지식을 모시고 살고 싶다는 이른바 믿음에 대한 강한 추파와 함께 요행수를 노리면서 계속 객실을 지키고 있었지만 지객 역시 같은 답변만 하고 돌아갔다. 결제일은 또박 또박 다가오고 있었으나 지객은 요지부동이었다. 지객은 최종적으로 우리에게 와서 "정 그렇다면 용주사 중앙선원에 가면 된다."는 말만 남기고 돌아섰다. 그곳도 조실스님이 가끔 법문을 하러 가시니 그렇게 하라고 하였다.

며칠 동안 버티면서 본 분위기로 보아서는 용화선원에서 한철을 나는 것은 틀린 것 같았다. 아침공양을 마치고 대중들이 마당을 쓰는 울력시간에 우리 둘은 하는 수 없이 걸망을 도로 지고 객실을 나섰다. 그때 전강 조실스님田岡 1898-1975, 용화선원을 세움이 까만 모자를 쓰시고 마당을 거닐다가 우리와 마주쳤다. 우리가 공손하게 인사를 드리니 "수좌들은 어델 가는고?" 하고 물었다. "이곳에서 한철 살고 싶었는데 결코 안 된다고 해서 용주사로 가는 길입니다." 하고 대답했다. "내가 들으니 모두 강원을 나온 이력종장이라고 하던데 이런 사람들이 이곳에서 살아야지 가긴 어델 가는고?" 하면서 "주지 정공아! 이 걸망 받아서 큰 방으로 안내하거라!" 하셨다. 그때에 우리에게 던진 조실스님의 한 말씀은 천근만근의 무게를 가진 것이었다. 속세에 비견한다면 그토록 바라고 바라던 사법고시 2차 시험에 합격한 고시생들과 같은 마음이었다. 그렇게 시작된 선원의 첫 철이었다. 북방 선지식의 대표이신 전강 조실스님의 회상에서 지낸다는 그 자부심으로 열심히 정진하고 정진했다.

그곳은 오로지 정진만이 있는 곳이었다. 시비是非로 인한 공사公事 사중에서 일어나는 일에 대한 회의와 울력도 없었고, 사중寺中 절의 일과 그 어떤 잡음도 일체 일어나지 않았다. 오직 조실스님이 꾸민 개인 토굴에 대중들이 제 발로 찾아 들어온 곳이기에 허튼 생각으로 산만하게 지내다가는 당장에 쫓겨날 뿐이니, 진심으로 정진하는 선객禪客 참선 수행을 하는 승려이 아니면 이곳에서 살기 힘들게 되어 있다. 주변에 공장이 많아 공기가 나쁘고, 음식 등의 여러 조건들이 산 속의 큰 사찰에 비하면 많이 떨어졌지만, 저마다 이곳에 방부를 들이려고 안간힘을 쓰는 까닭은 좋은 수행 분위기와 조실스님의 명 법문 때문이었다. 매일 새벽 예불 후에 이루어지는 큰스님의 간절한 경책은 어느 누구에게나 수행에 큰 힘이 되어 주었다. 보통 선원에서는 결제와 해제 때, 두 차례의 법회가 전부이지만 어른이 안 계시는 다른 선원은 그런 법문조차 없는 곳도 상당히 많았다. 그러니 천하의 전강 조실스님이 매일 법문을 하는 그 자체만이라도 운수객들에게는 큰 힘이 되어 주는 것이었다. 그런 실정이다 보니 전국에서 내로라하는 선객들이 이곳에서 10년 동안 해제와 결제를 반복하는 대결사가 진행 중이었다. 그 사이에 몇몇 신출내기 선객들이 운 좋게 끼어 지내는 형편이다 보니 초학初學[처음 공부하는 승려]들은 꼼짝도 못하고 그저 정진만 할 뿐이었다.

그래서 그곳에서는 이따금씩 법거량法擧揚[스승에게 가르침을 받는 것]이 오고 가기도 하는 곳으로도 유명했다. 각처에서 각자 수행하던 납자가 견처見處[실제 수행하여 체득하여진 깨달음]가 생겨 스스로가 감당할 수 없는 어떤 상황이 일어나게 되면 이곳을 찾아와 조실스님께 여쭙기를 신청한다. 이것을 법거량이라고 하는데 본래의 뜻은 선각자에게 개인적으로 지도를 받는 것을 뜻한다. 그런데 하루는 어떤 젊은 선객이 조실 방에서 법거량을 하면서 자기의 공부결과를 인가認可[깨달음의 경지를 인정해 줌]해 달라며, 큰스님의 목을 조른 사건이 생겼다. 그 이후로는 개인 면담은 사절하고, 공개적으로 질

문을 갖게 된 것이다. 한국 불교의 전통 참선법은 화두話頭 참선법*인데 이 명상법은 남방의 위빠사나Vipassana|남방불교의 전통 수행법|*처럼 차근차근 단계적으로 내밀하게 하는 수행법이 아니라 화두만 타파하면 일순간에 견성오도見性吾道|본래의 성품을 알아 직접 성품을 봄|하게 되는 돈오돈수頓悟頓修|단박에 깨닫고 단박에 닦음법|이다 보니 어떨 때는 웃지 못할 해프닝이 종종 벌어지기도 한다. 그때에 옳고 그름과 앞으로 어떻게 정진해야 되는지 등의 방향을 제시해 주는 것이 조실스님이나 방장스님의 몫이 된다. 정신세계란 매우 오묘하고 복잡하여 각자의 생김새와 근기에 따라 똑같은 화두로 공부를

 화두참선법 話頭參禪法

화두話頭를 의심하여 깨달음을 얻는 참선 수행법. 간화선看話禪이라고도 한다. 화두를 처음으로 개발하여 지금과 같은 수행체계로 만든 분은 중국 송나라의 대혜 종고선사(1089~1163)이다. 그러나 화두의 첫 개발은 그의 할아버지 뻘 되는 스승인 오조 법연 五祖法演(1024~1104)선사이다. 법연선사가 조주선사趙州(778~897)와 어느 선승 사이에 오간 선문답 속에서 '무無'라는 한 글자를 발췌하여 수행자들에게 참구하도록 한 것이 그 시초가 되었다.
조주스님 앞으로 개 한 마리가 지나가고 있었다. 한 선승이 이를 보고 조주스님에게 물었다. "저 개에게도 불성이 있습니까?" 조주스님이 답했다. "없다無"
석가모니 부처님은 모든 것은 부처될 자질佛性이 있다고 하였는데 조주스님은 어째서 '없다'고 하였는가 하고 의심하여 들어가는 수행법이 화두참선수행법이다.

 위빠사나 Vipassana

위vi와 빠사나passana의 합성어이다. '위'는 '여러 가지'이고 '빠사나'는 '통찰'이란 뜻을 가진다. 위빠사나 수행법은 대상을 놓치지 않고 계속 알아차리는 수행법이다. 앉아서 하는 좌선과 걸으면서 하는 행선을 기본 수행으로 하며 일상생활에서 일어나는 모든 행위와 동작을 서서히 바라보면서 몸, 마음, 감각, 법(진리)을 세밀히 관찰해 자기 자신의 본성을 꿰뚫어 깨달음을 얻게 한다.
삼법인과 사성제의 진리를 수행을 통해서 직접 체득하는 것을 목표로 한다. 미얀마, 태국, 스리랑카 등지의 남방불교에는 주로 위빠사나 수행을 한다.

해도 결과는 다르게 나타난다. 그 때문에 수행의 깊이와 경험이 많지 않고서는 감당할 수 없는 것이 대부분이므로 뛰어난 조실스님이나 방장의 존재는 화두 참선수행에서는 절대적이라 할 만큼 중요한 일이다.

어느 날 새벽이었다. 법문이 끝나고 난 후 어떤 객승이 소개되었다. 몸이 아주 다부지게 생겼고 얼굴에 화색이 감도는 그는 경기도 어느 사찰에서 천일기도 중 견처가 생겨서 조실스님을 찾게 되었다고 했다. 조실스님이 "정 그렇다면 자네의 그 견처를 내어 놓으라!"고 하니 "양말 한 짝입니다."고 하는 것이었다. "그러면 나머지도 마저 내 놓으라!" 하니 아무 말도 못하고 서 있다가 그냥 돌아간 일이 있었다. 어느 날엔가는 10년 결사 중이던 수덕사의 한 구참스님이 조실스님 앞에 나아가서 삼배의 예를 올린 후 "스님께서 안수정등岸樹井藤에서 5대선지식께 인가를 받았다고 했는데 그 말이 납자를 속였습니다." 하니 "그러면 너는 무어라고 대답할 것인가?" 하고 되물으니 "제법불용諸法不用입니다." 했다. 그 순간 조실스님이 "에잇! 미친놈아!" 하고 꿀밤 두 대를 매기자 꿀밤을 얻어맞고는 맨머리를 매만지면서 돌아갔다. 나중에 듣고 보니 그 스님은 반 철이 지나면 어디론가 가고 싶어 꼭 그렇게 법거량을 하고 떠나는 상습적 법거량 탈출 신객이었던 것이다.

지금 보면 그때에 주고받은 법거량의 내용이 별 것이 아니라고 생각되지만 그때는 자못 신비하게 들렸고 그런 일로 인해서 정진에 자극제가 되기도 하여서 더욱 애쓰게 되는 것은 분명하였다. 또 다른 어느 날 새벽에는 전혀 다른 색깔의 객승이 등장했다. 내용인즉 어제 저녁 12시가 넘어서 주안에 있는 경찰이 이 객승을 용화사로 데려왔다는 것이다. 밤늦게 중국 식당에서 자장면을 먹다가 '중이 고기 든 것을 먹어서 되느냐?'며 시비를 걸어온 옆 좌석 사람과 큰 싸움이 벌어져서 주인이 경찰서에 신고를 해서 이곳까지 왔다는 것이다. 그 과정에서 "당신 혹시 가짜 승려가 아닌가?" 하고 물으니 "용화사의 큰스님도 아는데 내가 왜 가짜요?" 하는 바람에 "그렇다면 절에 가서 확인해 봅시다." 하고는 경찰이 데려오게 된 사연이다.

 안수정등岸樹井藤의 이야기

안수岸樹는 나무, 정등井藤은 우물 속의 등나무 넝쿨을 뜻한다. '우물 속의 등나무 넝쿨' 이라는 뜻이다. 한 나그네가 넓은 벌판을 혼자서 걸어가고 있었다. 문득 뒤를 돌아보니 어마어마하게 큰 성난 코끼리가 쫓아오고 있었다. 나그네는 코끼리가 무서워서 도망치기 시작했다.
나그네는 죽기 살기로 도망쳤으나 코끼리의 속도보다 더 빨리 달릴 수가 없었다. 더 이상 도망칠 수 없는 나그네 앞에 오래된 우물 하나가 나타났다. 우물 안을 들여다보니 우물 벽에 등나무 넝쿨 하나가 위태롭게 뿌리를 박고 있었다. 나그네는 등나무 넝쿨을 붙들고 재빨리 우물 속으로 내려갔다.
안도의 한숨을 내쉬는 것도 잠깐, 쥐 두 마리가 잡고 있는 등나무 넝쿨을 쏠고 있는 것이 아닌가. 아래를 내려다보니 수많은 독사들이 혓바닥을 낼름거리며 나그네가 떨어지기를 기다리고 있었다.
오도 가도 못하고 있는 이 순간, 위에서 한 방울, 한 방울 달콤한 뭔가가 떨어지고 있었다. 우물 위를 쳐다보니 나무에 매달린 벌집에서 꿀이 한 방울씩 똑똑 떨어지고 있는 것이었다. 그런데 나그네는 입으로 떨어지는 달콤한 꿀에 취해 죽음을 앞둔 이 절대 절명의 위기를 잊고 만다.
용성스님(전강스님의 스승)이 엿판을 등에 지고 엿장수로 떠돌고 있는 전강스님을 찾아갔다. "우물 속에 갇힌 나그네가 어떻게 하면 나갈 활로를 찾겠는고?"
전강이 손에 든 엿장수 가위를 번쩍 들고 말했다. "달다!"

그때 조실스님은 "그래 안다." 하고는 그냥 경찰은 돌려보내고 이튿날 새벽에 공개석상에서 "자네가 날 어떻게 아느냐?" 하고 물었다. 그러자 그는 "제가 아주 어릴 때 나주 다보사에서 살았는데 그때 조실스님께서 수염을 기른 재무스님과 다투다가 그 스님의 수염을 잡아서 뽑아버린 일이 있지 않습니까?" 했다. 그러니 큰스님이 "그래, 그래. 내가 그런 일이 있었지. 날 아는 것이 틀림없다. 그렇지만 승복을 입고 밤늦게 자장면 집을 들락거려서야 되겠는가? 앞으로는 조심하라."고 한 일이 있어서 대중들이 한바탕 웃고 말았던 적이 있었다. 용화사의 그러한 분위기 속에서 한철 겨울을 너무나 짬지게 보냈던 첫 결제였다. 목욕을 하고 돌아오던 길에 포장마차에서 사 먹었던 따끈따끈한 국화빵의 팥맛까지도 입가에서 번지는 듯하다.

자유선원 봉암사

 봉암사鳳巖寺는 정말로 멋진 도량이다. 봉황을 닮았다는 희양산曦陽山의 기개 넘치는 바위 정상과 마음까지 비추어 줄 듯한 맑은 물을 바라보며, 아름다운 반석 위에 앉아 쉼 없이 흐르는 소리만 듣고 있어도 들떴던 마음은 저절로 가라앉아버리고 마는 곳이 봉암사다. 그 중에서도 최치원이 제일 좋아했다는 봉암사의 옥석대玉石臺는 가히 천하일품이다. 옥석대에는 최치원이 새겼다는 '백운대白雲臺'라는 글씨가 계곡 반석 위에 지금도 새겨져 남아 있다. 옥석대 주변의 붉고 큰 소나무와 미끈한 반석들, 그 곁에 눈을 지그시 감고 천년의 세월을 녹이고 있는 마애불상, 그 앞에는 목탁 바위가 있어 주먹 만한 자갈돌을 들고 두드리면 '동, 동, 동' 살구나무로 만든 목탁소리가 난다. 이런 곳에 손을 씻고 솔바람 소리를 들으며 앉아 있으면 그대로 명상이 된다. 더 이상 무엇을 구하고 무엇을 버리고 싶다는 생

각이 저절로 사라져 버리고 만다. 그런 좋은 풍광을 안고 있는 그곳이 한때는 자유선원으로 각광받은 적이 있었다.

해방 직후 성철, 청담, 향곡스님 등의 주도 아래 "부처님의 가르침, 그대로 살자"는 기치를 내걸고 결사를 시작한 곳이 봉암사다. 이때의 봉암사 결사로 인하여 지금의 스님들이 입고 있는 가사 색깔이 제정되었고, 스님께 올리는 삼배의 예도 이때 만들어졌다. 일체의 시주와 보시도 거절한 채 오직 탁발과 노동으로 자급자족하면서 공부에 매진했던 봉암사 결사, 이 결사에서 가장 어렸던 수좌인 법전스님은 지금 조계종 종정스님이 되었다. 그러나 이 결사는 한국동란이 발발하고, 이후 불교 정화 운동 등 어수선한 분위기 때문에 삼년 만에 해체되었다. 그리고 종파와 문중을 따지며 서로 세력을 과시하려는 조짐이 보이던 그 즈음에 봉암사는 자유선원의 깃발을 높이 들었다. 법련, 법진, 정광, 천장스님 등 당시 내로라하는 알짜배기 선객들이 주축이 되어서 봉암사 선방만큼은 일체의 격식 없이 자유스럽게 정진할 수 있는 도량으로 가꾸어나가고자 새로운 결사를 했다.

문중과 안면을 보아가면서 입방을 허락하거나, 신·구참 등을 따져서 입방을 선별하는 그런 세속적 행태를 지양하고, 불법佛法 본래대로 인연 되는 승려는 누구나 그냥 와서 살면 되는 도량으로 만들고자 하였다. 때문에 방부房付|입방 허락 절차|도, 객승들을 맞이하는 소임을 맡은 스님도 없고, 누구

나 와서 걸망을 풀고 지내는 그저 편한 곳으로 마치 부처님의 고향처럼 느껴지던 곳이었다. 층층시하의 어른 스님들을 모시고 매일 매일 짜여진 일정을 소화하며, 속가보다 더 많은 잔소리를 듣고 지내던 강원 생활 4년, 숨이 막혀 그저 어서 졸업하기만 기다렸던 그 갑갑한 곳과 비교해보면 봉암사가 주는 매력은 가슴이 뻥 뚫리는 듯한 극락세계로 여겨질 만했다. 이런 곳이 진짜 사찰의 진면모요, 마음 놓고 살아볼 만한 곳으로 생각되어 3년을 봉암사 선방을 들락거렸다.

이곳의 자유 분위기에 한번 맛을 들인 승려는 시간표가 꽉 짜인 다른 선원에서는 갑갑해서 견디기가 힘들다. 정진하고 싶으면 큰 방에서 참선하고, 채소를 키우는 이는 감자밭 근처에서 일하고, 나무하는 사람은 지게를 지고 산에 오른다. 때로는 배구를 한다고 새끼줄로 네트를 만들어 팬티만 입고 고함을 지르면서 공을 때린다. 부지런한 원주스님이 자전거를 타고 가은으로 내려가서 막걸리 한 통을 사오면 시원하게 한 사발씩 마시고는 입가를 닦았다. 어찌 보면 정말 멋져 보인다. 자신의 취미에 따라 그저 하고 싶은 대로 할 수 있고, 그 어떤 사람으로부터도 간섭을 받지도, 하지도 않는 것이었다. 그러나 선방 문에 축구공이나 배구공이 벼락 치듯 들이 닥치고 막걸리를 너무 많이 마셔 고성이 오가는 등의 모습은 결코 사문이 머무는 곳에서의 바람직한 분위기는 아니었다. 처음 자유선원을 제창한 몇몇 구참 승려들은 옛 조사들의 멋스럽고 힘찬 삶을 봉암사에서 재현해 보려고 하였으나, 의도는 좋았으나 결과는 그렇지 못했다. 그곳에 모인 모든 대중들이 그런 수준에 미치지 못하는 것이 문제였다. 대자유는 깊은 수행과 철저한 참회가 뒷받침되지 않으면 결코 얻을 수 없는 것이기 때문이다.

대자유는 주어진 책임을 다하고 '나'라고 하는 자신의 정체성에 대해서 눈을 뜬 이에게만 주어지는 해방공간이다. 되는 대로 함부로 살면서 사람들에게 불편을 주는 것은 방종일 뿐, 참자유가 될 수 없는 것이다. 부처님의 가르침으로 승화되지 않는 자유는 세속적 업의 연장으로 어느 누구에게도 도움이 되지 않는 그저 흐트러진 모습일 뿐이었다. 그래서 서암스님과 고우스님이 선봉에 서고, 도성암에서 해제를 하고 간 성우, 인각스님이 주석하게 되면서 절제된 도량으로 새롭게 태어나기 시작했다. 가람을 증, 개축하고 절 뒤쪽에 거주하고 있던 주민들을 이주시키고, 종립 특별선원으로 지정하여, 산문을 폐쇄했다. 지금도 봉암사는 부처님오신날 이외에는 출입이 금지된다. 이렇게 해서 한때 자유선원으로 방종했던 봉암사는 올곧게 정진하는 조계종 최고의 명실상부한 수행처로 새롭게 자리매김하게 되었다.

출타가 금지된 결제를 벗어난 약속 위반은
수많은 고통을 안겨주고 지나갔다

원칙에서의 일탈

자유선원을 표방했던 봉암사의 깃발은 처음의 의도와는 달리 점점 퇴색해 갔다. 용은 적고 뱀의 숫자는 많은데서 오는 자연적인 결과였다. 그 무렵 서울 백운암에 주석하시던 서옹 전종정스님을 조실로 모시면서 그 기틀을 바로 세우려고 애썼으나 방만한 자유에 길들여진 사람들은 규칙적인 얽매임에 은근히 반기를 들고 석양이 가까워지면 가끔씩 마당에 나와 배구를 하면서 떠들어댔다. 점잖고 색시 같은 기질의 노장스님이 참다못해 하루는 승려들이 놀고 있는 배구공을 가져와 도끼로 내려쳤다. 공은 데굴데굴 아랫마당으로 굴러가고 말았다. 이 일이 있은 후 며칠 동안은 잠잠하더니 어른스님이 서울로 올라가시고 나니 또 축구공과 배구공이 번갈아 도량에 나뒹굴었다. 그런 분위기를 못마땅하게 여긴 조실스님은 여름철 결제법문만 하고 오래 머물지 않으셨다.

어느 해 여름 결제 중에 45일째 되는 반살림 날이었다. 이 날은 정진을 하루 쉬기로 하고 20여 명의 대중들이 이 방, 저 방에서 편안하게 쉬고 있었다. 장마철에 접어들어 구름이 잔뜩 끼어 있었고 옅은 안개까지 도량에 깔리고 있었는데 싱거운 한 스님이 이 방, 저 방을 돌아다니면서 수안보 온천에 가자며 바람을 넣고 있었다. 그는 놀기를 무척 좋아하고 술 살 일이 생기면 고추장수들이 쓰던 짐자전거를 끌고 가은에 가서 술통을 싣고 오길 좋아하는 승려였다. 결국 대중 전원이 수안보로 가기로 하고 밀짚모자를 뒤집어쓰고 봉암사를 나섰다. 봉암사 뒤 옥석대를 지나 오봉정으로 가는 길은 매우 좁은 오솔길인데다가 길가 풀 섶에 습기가 많아서 조금만 걸었는데도 승복 아랫도리는 이미 후줄그레하게 젖어 마치 빗속에 논 물 보고 오는 농부처럼 되었다. 갈 길은 아직도 많이 남았는데 구름은 점점 짙어져 오고 목은 바싹 말라왔다. 그때 어떤 집 근처를 지나가는데 키가 큰 처사가 "스님들, 보리곡차 한잔 하고 가이소" 하면서 크게 손짓을 하는 것이었다. 가다가 이게 웬 떡인가 하면서 모두들 그 집에서 보리가 둥둥 뜨는 막걸리를 한 사발씩 마셨다.

　그러고 나니 갈증도 풀리고 걷기도 훨씬 수월했다. 드디어 충북과 경북의 경계인 산등성이에 올랐다. 땀을 닦으며 쉬고 있는 동안에 일장스님과 도법스님이 그 멋진 음성으로 노래 한가락씩을 선물해서 대중들은 큰 박수로 화답하고 목에 수건을 하나씩 두른 선객들은 일렬로 늘어서서 연풍고개를 넘었다. 힘들게 연풍 시외버스정류소에 도착하니 충주로 가는 버스가 고장이 나서 고치고 있었다. 그래서 다음 차를 타려고 하니 안내양이 껌을 한 개씩 돌리면서 차가 다 고쳐져 가니 이 차를 타고 가면 아무래도 다음 차보다는 먼저 도착하게 된다고 말하면서 타고 가기를 권했다. 그래서 '그러마' 하고 기다려 전 대중이 그 차에 올랐다. 상당히 오랜 길을 걸어온 스님들은 차가 출발하자 대부분 졸고 있었고, 주지스님과 정광스님 그리고 도법스님 등은 차 복도에 선 채로 이야기를 나누고 있었다.

잠결에 차가 좀 과속을 한다는 느낌이 들었는데 다리를 지나는 곳에서 그만 쾅! 하고 다리 난간을 들이박고 냇가로 떨어져 옆으로 쳐 박히고 말았다. 차가 멈추자 한 스님은 머리가 터져서 피가 철철 흐르고 있고, 어디에선가 사람들이 지게를 지고 오는 모습이 보였고, 리어카를 끌고 오는 이도 보였다. 차 안에는 스님들만 타서 다른 승객은 없었으나 그 와중에도 나는 무척 부끄러운 생각이 들었다. 우리들은 유리창을 깨고 모두 나갔는데 내가 제일 나중에 나오게 되었다. 쳐 박힌 쪽의 의자에 앉아 있었다 보니 반대쪽 의자 등이 덮쳐서 나오는데 애를 먹었기 때문이었다. 나와서는 정신을 잃어버렸는데도 정신을 완전히 놓은 것은 아니었다. 어렴풋이 한 스님이 내 손목에 진맥을 하는 것이 느껴져서 속으로는 상당히 기분이 언짢았다. 모두들 충주에 있는 교통병원에 중환자로 수용이 되었는데 다친 승려들이 많다 보니 간호사들이 쓰는 큰 방까지 우리가 차지하게 되었다. 도법스님 등 서 있던 이들은 가벼운 상처라 곧바로 돌아갔고, 3주 이상의 진단을 받은 승려들은 대부분 그곳에 남아 있게 되었다. 나도 오른쪽 허리 부분에 큰 어혈이 지는 부상을 당하고 하는 수 없이 대구 가창에 있는 도반이 주지를 하고 있는 절에 가서 쉬게 되었다.

몹시 큰 어혈이 있어서 고생하고 있는데 시골의 노인들이 뼈를 다치고 어혈이 심한 데에는 인분이 최고라고 권했다. 마침 그때 그 절에는 재래식 화장실이 있었으나 그걸 먹을 용기는 좀처럼 나질 않았다. 연세 든 공양주 보살이 "스님요, 그래카는 안 되니더. 지금 이 약 안 먹으면 나이 들면 더 도지니더. 두 눈 꽉 깜고 서너 그릇만 잡솨 보이소. 내가 효과 본 장본인이시더." 하면서 극구 그 인분 명약(?)을 권했다. 만약에 이로 인해 평생 고생하며 산다면 작은 일이 아니었다. 공양주 보살이 한 사발의 시퍼런 인분물에다 깨소금을 살살 뿌려서 나에게 그것을 권하는 것이었다. 난 그것을 방바닥에 두고 잠시 스스로에게 최면을 건 다음에 꿀꺽 한 사발을 다 들이켰다. 그렇게 해서 다섯 사발을 마셨다. 그리고 밀가루에 치자 물을 섞어서 떡처럼 만들어 환부에 부치니 시커멓게 죽은 피가 정말 많이 배어나오는 것이 아닌가? 그래서인지 지금까지 교통사고로 인한 후유증은 전혀 느끼지 못하고 있다. 출타가 금지된 결제를 벗어난 약속 위반은 그처럼 많은 고통을 안겨 주고 지나갔지만 고래로 전해 내려오는 민간요법의 효험을 본 최초의 사건이기도 했다.

나는 있는 것을 있는 그대로 알았다.
- 붓다 -

"나는 아무 말도 하지 않았다."

-눈-

묵언

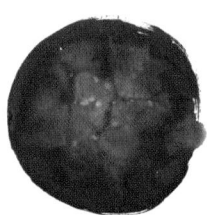

깊은 사유가 받쳐주는 고요한 침잠의 세계는
감로수의 맛처럼 달콤한 내면의 세계를 보여준다

나의 내면이 성숙되다

기림사祇林寺는 인도 승려가 창건했다는 전설이 내려오는 신라 말의 사찰로 경주시 양북면에 소재한 아담한 절이다. 큰절 북쪽에 있다 해서 지어진 북암北庵은 남암南庵에 비해서 볼품없는 암자이다. 절의 뒤쪽에 위치한 법당 겸 선원에서 나는 주광스님과 도웅스님과 함께 6년 동안 묵언을 하면서 지냈다. 무엇이든 별스런 것을 좋아했던 주광스님이 먼저 제안을 해서 이루어진 것으로 84년도에 시작해서 89년에 그곳에서 나왔다.

부처님께서는 묵언默言 등의 이상한 방법으로 공부하지 말라고 경계하고 있는데, 근기根氣[참을성 있게 견디어 내는 힘]가 낮은 후대의 납자들은 말하지 않는 엉뚱한 방법으로라도 자신을 확실하게 다독거리기 위해 묵언수행을 택하고 있다. 사실 묵언수행은 올바른 수행방법이라고 할 수는 없지만 말함이 꼭 필요할 때를 제외하고는 침묵을 지킬 수 있도록 하게 하기 위하여 이 방법을 택하기도 한다. "돈을 꼭 쓸 때만 쓰고, 안 써도 될 때 안 쓰면, 그것이 바로 부자가 될 수 있는 유일한 길"이라고 말한 어느 대기업가의 말이 있지만 말처럼 어찌 그것이 쉬운 일인가? 그러다 보니 결제가 시작된 때는 한철 동안 대중의 허락을 받아서 묵언하는 경우는 종종 있는 일이다. 하지만 6년 묵언 결사는 흔히 있는 일은 아니었다.

나는 강원을 졸업하고 몇 철 선원에 가서 정진을 계속하고 있었는데 수행을 하다 보니 몸이 좋아지면서, 알음알이가 좀 생기기 시작했다. 그러니 참선도 하고 싶고, 경전도 보고 싶은 마음에 몇 번을 선원과 강원을 오가고 있었던 때라, 어느 것 하나라도 좀 지속적으로 공부를 해 보았으면 하는 마음이 일고 있었다. 그래서 바로 이때다 싶어서 6년 묵언수행에 합류하게 된 것이었는데 시작한지 얼마 안 되어서는 내가 괜한 약속을 했나 싶어 후회스럽기까지 했다. 또 사방에 소문까지 나서 묵언수행이 무슨 생색인가 하여 지인들에게 부끄럽기도 하였고, 또 끝까지 탈 없이 마칠 수 있을까? 하는 불안감까지 들기도 해 여간 민망한 것이 아니었다.

내가 앉은 뒤쪽 건물이 법당 겸 선원인데 이곳에서 세 사람이 6년 동안 묵언을 하면서 지냈다. 84년도에 시작해서 89년에 그곳에서 나왔다.

　인간은 36.5°C의 체온이 받쳐주고 있는 이상, 속에서 이글거리고 있는 에너지의 발산이 반드시 필요하다. 따라서 몸 안의 에너지는 어떤 통로를 통하든지 빠져나와야 되는데 스스로가 그 길을 차단시키고, 벽만 쳐다보고 지내는 게 묵언수행이니 이 일이 그리 만만한 것은 아니었다. 그러나 기왕에 시작했으니 어쩌랴? 꼭 말이 필요할 때는 수화로, 그것으로도 불가능하면 글씨를 써서 의사교환을 하는 날이 이어졌다. 2년 정도는 속에서 갑갑증이

263

일어나 가끔씩 짜증이 나기도 했으나 반면에 깊은 사유가 받쳐주는 고요한 침잠의 세계는 때로는 감로수의 맛처럼 달콤한 내면의 세계를 보여주기도 했다. 그러나 그것을 밖으로 토해내지 못하고 마냥 마음속에 가두어 놓다 보면 울화가 되어 가슴 속에서 치밀기도 하는 것이다. 말길을 통해야만 감정을 나눌 수 있는 업력業力의 상습적 그늘을 여전히 벗어나지 못했기 때문이다.

 그런 고비가 지나니 화두가 순일해지면서 자신과 대면하는 시간이 길어지기 시작했다. 나라고 우기면서 끌고 다녔던 외형적인 내가 나의 속에 서서히 묻혀 있던 참나의 세력에 의해 점점 녹아 사라지는 경험을 하게 되었다. 닫힌 공간에서 출입을 않고 지내다 보니 자기라고 생각했던 환상이 점점 잦아들고, 그 과정에서 자연스럽게 안정된 모습을 갖춘 자아세력에 헛자기가 흡수당하는 것이다. 그럴듯한 자기 과시적 미망의 세력권에서 벗어나서 진아眞我와 가까워질 무렵이면 드디어 잠이 쏟아진다. 이른바 수마睡魔라고 하는 것이다. 마음이 안정되고 지극히 편안해지면서 오는 현상이다. 그래서 고려 때의 야운野雲스님은 수행하는데 있어서 수마보다 더 큰 장애는 없다고 했다. 묵언의 가장 큰 장점은 나라고 내세울 만한 자기가 없어진 상태에서 맛보는 지극히 평온한 안락감이 아닐까. 그러나 세상살이 속에서는 '나'라고 불리는 자존심으로 자신을 유지하는 버팀목으로 삼고 있으니, 그것에 금이 가고 상처가 난 만큼 나와 남을 괴롭히고 그때마다 가슴에 치유할 수 없는 큰 멍을 스스로 만들고 있는 것이 인간사다. 특히 나의 경우는 어릴 때에 앓은 얼굴의 흉터 때문에 고뇌한 기간이 상당히 길었음으로, 자신을 모질게도 생채기를 냈던 그간의 여독을 묵언 속에 삭혀 버리게 되었으니 6년 묵언수행이 큰 다행이 아닐 수가 없었다.

원두막에 홀로 올라앉아서
지나가는 바람과 떠오르는 달빛과 서로 희롱했으며.
떠다니는 백운을 바라보며 인생을 논하기도 한다

무욕의 유혹

원두막을 보면 여름이 연상되고, 여름을 따라가다 보면 참외와 수박이 덩굴째 굴러다닌다. 보리타작이 끝날 무렵 겉보리 서너 되를 걸망에 둘러메고 친구들과 함께 십리나 걸어서 사먹는 수박이나 참외 맛이 진짜지, 겨울이나 봄에 하우스에서 키우는 그것들은 진짜 맛이라고 할 수 없다. 그런데 그곳에는 원두막이라는 것이 있었다. 원두막에 올라가서 너무 잘 익어서 저절로 벌어진 수박을 쩍 잘라서 한 입 베어 물었을 때의 그 진짜 맛! 십리길이 어찌 멀겠는가? 그런데 어린 시절 내가 살던 우리 동네는 워낙 산골이고 큰 밭이 없어서였는지 어느 집 하나 원두막을 가진 농가가 없었다. 그래서 원두막을 본 것도 수박밭에서 본 그때가 처음이었다. 원두막에 대한 어릴 때의 감흥이 너무 컸던지 나는 원두막 짓기를 무척 좋아한다. 스님이 되고서도 내가 살았던 곳마다 나는 원두막을 지어놓고 그 위에

원두막에 재미를 붙여서 6년 묵언 정진 중이던 기림사 북암에서도 원두막을 지어놓았다. 이것이 두 번째 지은 원두막이다.

홀로 올라앉아서 지나가는 바람과 떠오르는 달빛과 서로 희롱했으며, 떠다니는 백운을 바라보면서 도반과 인생을 논하기도 하였다.

통도사 서운암에 살 때는 큰 고목나무를 의지해서 굵은 대나무로 얼기설기 엮어 원두막처럼 지어놓고는 신선대라 이름 지었다. 그곳에 올라가서 통도사 쪽을 내려다보면 아름답기 그지 없어 표현 못할 야릇한 감정까지

스물 스물 기어 올라오곤 했다. 가만히 앉아 있으면 속가에 계신 어머니의 웃는 모습이 살며시 떠오르는가 하면, 소리 내며 산모퉁이를 길게 돌아가는 기차를 타고 무작정 어디론가 떠나가고 싶은 생각도 미풍과 함께 지나가곤 했다. 그때 그곳의 정경과 감상을 샘터지에 올렸더니 각지에서 얼마나 많은 편지들이 오는지 정말 나도 깜짝 놀랐었다.

그때부터 원두막에 재미를 붙여서 6년 묵언 정진 중이던 기림사 북암에서도 원두막을 지어놓았다. 이것이 두 번째 지은 원두막이다. 여름 달밤에 그곳에 올라앉아 있으면 달밤에 불어오는 밤바람에 모든 시름을 잊는 것은 물론이거니와 원두막 주변에 소담스럽게 피어 있는 달맞이꽃들이 정말로 달 쪽을 향해서 고개를 쳐들고 있는 아름다운 광경에 묵언조차 잊을 지경이었다. 그때까지만 해도 달맞이꽃은 달이 뜰 때 피는 꽃이란 것만 듣고 알았지 실제로 본 것은 처음이었다. 온종일 얼굴을 가리고 있다가 달이 뜨면 비로소 고개를 들고 활짝 피어 그 달빛을 통째로 받아들이고 있는 달맞이꽃을 보는 순간 숨이 멎는 듯 했다. 해가 지면 피고 해가 뜨면 지고 마는 그들의 꽃심에는 도대체 무슨 사연이 숨겨져 있는 것일까?

세 번째로 지은 원두막은 내가 처음으로 구마동 입구에 들어와서 살 때 지은 취선당醉仙堂이다. 손재주 좋은 그 마을의 최씨가 짓다보니 나무의 생긴 모습대로 약간 삐딱하게 생겨서 술 취한 신선이 산다는 뜻의 이름을 붙이게 된 것이다. 취선당은 그리 높게는 만들지 않았다. 바로 그 곁에 통나무 샘물이 콸콸 솟아나기 때문이었다. 햇볕이 쨍쨍 내려쬐는 여름 낮에 잔치국수를 삶아서 재빨리 샘에서 솟아나는 찬물에 헹궈내 원두막에 올라가 후루룩 먹는 국수 맛은 정말 신선이 아니면 먹을 수 없는 맛이다. 신선도 아마 그 맛에 취해 신선놀음을 잊을 것이다.

그 다음이 호주 시드니에 가서 지은 육화정六和亭이란 원두막이다. 그곳에선 원두막을 가제보라고 불렀는데 부분, 부분이 이미 만들어져 있어서 조립만 하면 되는 것이었다. 우리나라의 작은 정자처럼 난간도 만들었다. 그것을 만들어 놓고 육화정이라고 이름을 붙이고 긴 널빤지에 육화六和에 대해 붓으로 써서 걸어두고 그곳에 오르는 사람마다 읽어보도록 하였다. 사람이 함께 모여 살면서 서로 화합하고 공경하며 살아가게 되는 여섯 가지 내용을 6화경六和敬|불교 교단의 화합을 위해 설정한 여섯 가지 덕목| •이라고 하는데 첫째는 도덕 지킴이 같아야 하고, 둘째는 견해가 같아야 하고, 셋째는 실천함이 동일해야 하고, 그 다음은 신, 구, 의의 자비함과 자비 나눔을 함께해야 한다는 내용이 육화경의 주된 내용이다.

한국에 돌아와서 다시 구마동 도화골에 재차 들어와서 집을 몇 채 지어두고 도리천桃梨天이란 제법 멋을 부린 이름을 짓고 그 건너편에 수박을 팔던 헌 원두막을 통째로 옮겨 놓고는 노곡정老谷亭이라고 이름을 지어두었다. 이 원두막을 손을 보던 목수의 친구 되는 이가 자기 부모님의 널을 만들려고 준비해 두었던 좋은 송판을 구해주어서 거기에도 붓으로 몇 자 적어서 걸어두었다. 그러던 중 2년 전에 큰 물난리가 나서 축서사 북암에서 1년을 지냈는데 그곳에도 복숭아나무 곁에 일류 목수가 멋지게 원두막을 하나 지어서 여름엔 그곳에 나와 앉아서 때론 시름에, 때로는 명상에 들기도 하였다.

    지나온 내 자취와 함께 항상 원두막이 쫓아다니니 내가 생각해도 필시 원두막 귀신이 나를 졸졸 따라 다닌 듯하다. 긴 담뱃대를 물고 여름 내내 높은

 **육화경 六和敬**

불교 교단의 화합을 위하여 만들어진 가장 기본적인 계율로
내용은 다음과 같다.
첫째, 부처를 대하듯 서로 공경하고 화목하라.
둘째, 말로써 서로를 기쁘게 하라.
셋째, 마음으로 항상 화합하라.
넷째, 율법을 서로 지키라.
다섯째, 올바른 견해로 서로 화합하라.
여섯째, 이익을 함께 나누라.
순서는 기록에 따라 조금 다르나 내용은 같다

원두막을 지키다 저 세상으로 간 그 어떤 노인귀신이 자신이 눈만 뜨면 오르내리던 원두막을 잊을 수 없어서 내 몸에 귀신으로 붙어 다니면서 자신의 원을 풀고 있는지도 모를 일이다.

"원두막 귀신이 붙은 태백산 노스님"

'세상에 이런 일이'란 프로에 나갈 법도 한 원두막 이야기다. 다음에는 어느 곳에 가서 어떤 원두막을 또 짓게 될 것인지 가끔은 나도 그것이 알고 싶어 질 때가 있다.

다양한 생명체들이 개성대로 생명을 유지하고 후세를 양성하는 것은
생명이 가지고 있는 천연적 모습이며 각자에게 주어진 본능이다

메뚜기의 한철

메뚜기는 누구에게나 어릴 때의 아름다운 추억을 간직하게 하는 귀여운 풀벌레다. 나도 어린 시절 메뚜기에 관한 추억이 있다. 풀섶에 앉아 있는 그들을 잡으려고 손가락을 오므려 다가가는 순간 용케도 알아채고 폴짝폴짝 뛰어 달아나는 벼메뚜기들. 소에 풀을 먹이러 논에 나가는 일은 대개 어린아이들의 몫인데 나는 그때가 되면 으레 한 되 들이 됫병을 들고 나가 소를 풀어놓고 폴짝폴짝 뛰어다니는 메뚜기를 쫓아다니곤 했다. 그런데 메뚜기 잡는데 정신이 팔리다 보면 그동안 소는 남의 논의 벼나 보리를 먹게 되어, 허겁지겁 소를 찾아 몰고 돌아오면 병이 그만 넘어져서 그동안 잡아놓는 메뚜기의 절반은 다 달아나 버리곤 했다.

메뚜기는 봄에는 푸른빛이 감돌다가 여름이 지나고 가을이 되면 살이 점

점 통통해지면서 황갈색으로 변해간다. 우리들은 그것을 보고 상주메뚜기라고 불렀다. 상주들이 입는 누런 안동포와 그 색깔이 닮았다고 그랬을 것이다. 그때는 농약을 치지 않던 시절이어서 논에는 메뚜기 천지였다. 그들이 떼 지어 논에 들어와서 볏잎을 갉아 먹으면 논농사에 상당한 피해를 주기 때문에 고안해 낸 것이 반짇고리처럼 천으로 만들어서 메뚜기를 쓸어 담는 것이었다. 그것도 벼에 꽃이 피고 난 다음이면 결실에 해로워서 그렇게 하지 못하기 때문에 그 전에 논에 들어가서 메뚜기를 잡아야 된다. 그렇게 잡은 메뚜기가 집집마다 한두 말은 될 정도로 극성을 부렸다. '메뚜기도 한철'이란 말이 그래서 나왔지 싶다.

메뚜기 중에서 가장 큰 것이 방아깨비이다. 두 다리를 잡고 있으면 마치 디딜방아를 찧듯이 꺼떡거려서 붙여진 이름이다. 방아깨비는 모래 속에다 알을 낳아서 자신의 종족을 번식시킨다. 이 세상에는 이렇듯 다양한 생명체들이 자신의 개성대로 생명을 유지하고 후세를 양성한다. 그것은 생명 본래가 가지고 있는 천연적 모습이며 각자에게 주어진 본능일 것이다. 어릴 때에 메뚜기를 많이 잡아보기는 했지만 알 낳는 모습을 직접 목격하기는 처음이었다. 보드라운 모래 언덕을 골라서 알을 낳고 죽어버리는 어미 메뚜기들, 알들은 그 추운 혹한의 땅 속에서도 거뜬하게 살아남아 자자손손 그 대를 이어 풀 속을 헤매는 초록색의 예쁜 메뚜기들로 탄생된다. 그 종류만 해도 650여 종류가 된다고 하니 놀랍기만 하다.

기림사祇林寺 북암에 기거하고 있을 때인 1985년 여름이었다. 그때는 묵언默言수행 중이라 따분하면 사진이라도 가끔 찍어 보라고 대구의 최기사가 주고 간 카메라로 찍은 방아깨비이다.

    조계종의 종헌宗憲에서 소의경전所依經典[근본경전으로 의지하는 경전]으로 삼은 금강경金剛經에서는 생명계 전체를 크게 세 가지로 나누고 그것을 12종류로 분류했다. 이른바 생명계는 욕계欲界, 색계色界, 무색계無色界의 3계三界로 나누고, 그 중에서도 가장 업業이 많은 욕계에는 태胎, 란卵, 습濕, 화化의 네 가지 형태로 태어나는 생명들이 산다고 했다. 인간을 위시한 동물계는 태胎로써 자손을 번창시키고, 날짐승이나 물고기들은 알卵로 번창시킨다. 습지에서는 모기나 귀뚜라미 등이 습생濕生으로 태어나 살아가고, 천상이나 지옥, 극락세계에는 어떤 대상을 의지하지 않고 홀연히 독자적으로 태어나 화생化生의 생명체로 살아간다. 이 네 가지 종류의 생명체는 모두 정도의 차이가 있으나 탐욕으로 이루어진 세계에서 살게 되어 삶과 죽음이 고달프나, 탐욕이 점점 줄어드는 색계나 무색계의 생명체는 수행을 많이 한 결과로 업력이 엷어져 수명도 오래고, 생존에도 큰 걱정이 없다. 이른바 욕계 6천●과 색계 18천 그리고 무색계 4천 등 모두 28천이 그곳에서 세분화되어 있는데 그 모두가 한 생각의 흐름을 잘 관리한 업력에 따른 자업자득의 세계인 것이다.

방아깨비가 모래를 파고 알을 낳고 있는 산고의 모습을 바라보면서, 생명세계의 오묘한 흐름을 회고해 본다.

 천天

불교의 우주관에 의하면 스물여덟개의 하늘과 또 다른 서른 세계의 하늘이 있다고 한다.
우리가 살고 있는 우주는 수미산을 중심으로 구성되어 있는데 그 꼭대기에는 제석천Indra이 다스리고 있는 도리천이 있다. 이 도리천 안에 수평적인 33천의 하늘이 있고 수직적으로는 욕계 6천(사천왕천, 도리천, 야마천, 도솔천, 화락천, 타화자재천)이 있으며 색계에 초선천, 이선천, 삼선천, 사선천 등 18천이, 무색계에 공무변처천, 식무변처천, 무소유처천, 비상비비상처천인 무색계 4천이 있다. 이렇듯 수미산을 중심으로 수직적으로는 28천의 하늘이 펼쳐져 있고 수평적으로는 도리천을 중심으로 33천의 하늘이 조성되어 있는 것이다.
사찰에서 새벽에 28번의 종을 올리는 것은 이 때문이며 보신각 타종 시 33번 올리는 까닭은 수평적 하늘에 종소리를 골고루 울려 퍼지게 하려는 염원 때문이라는 것을 아는 이는 드물다.

생멸의 모든 것은 예외 없이 끝없이 변하게 되어 있다는
제행무상의 원리야말로
생명을 있게 하는 제일의 근원이고 긴요한 조건이다

행복의 시작

매미는 베짱이와 더불어 여름의 신사다. 대도시에서 저녁에 지나치게 울어 도시민들을 짜증나게 하는 매미는 벙어리매미로 찌르렁거리기만 할 뿐 전깃불을 태양으로 착각하고 잠을 설치게 하는 푼수떼기 곤충이다. 하지만 그늘에 거적때기를 깔고 낮잠을 즐기고 있는 농부의 입장에서는 고목나무나 감나무 같은 높은 곳에서 우는 그들이야말로 여름을 찾은 신사 중의 신사가 아닐 수 없다. 시원한 그늘 속을 마음대로 훨훨 날아다니면서 노래만 부르고 지내니 말이다. 그러나 그들도 그렇게 되기까지에는 상당한 세월을 등에 지고 온갖 역경을 이겨낸 덕분에 그렇게 유유자적하게 된 것이다. 나무껍질 속에 낳아준 알이 다른 새들이나 곤충들의 먹이가 되지 않고 용케 살아남아서 어린 애벌레로 부화되면, 서서히 땅으로 내려와 자신들의 몸을 숨기며 짧게는 4년, 길게는 7년이나 땅 속에서 살아간다. 그들은 나무뿌리에서 나오는 수분 등을 빨아 먹으면서 굼벵이라는 작은 벌레가 되는데, 들쥐나 두더지를 비롯해서 온갖 새들은 그것을 잡아 배를 채우려고 갖은 방법으로 그들을 찾아다닌다. 언제 먹이가 될지 모르는 불안함과 한 겨울의 추위 등 온갖 역경을 견뎌 내길 6년여, 드디어 그들이 그 무거웠던 지하의 몸을 벗고 매미가 되는 날이다. 이따금씩 풀 섶을 지나다가 나뭇가지에 그들이 벗어 놓은 옷이 매달려 있는 것을 보기는 했지만 순간을 목격하기는 처음이었다. 길고도 길었던 고난의 행군을 끝내고 허공을 훨훨 날아다닐 채비를 하는 순간인 것이다.

불교의 핵심을 요약한 말 가운데 삼법인三法印이 있다. 삼법인의 기준에 들어맞으면 부처님의 가르침이고, 그렇지 않으면 부처님의 가르침이 아니라는 의미로 도장을 찍었다는 뜻을 가지고 있을 만큼 중요한 것이 삼법인이다. 그 가르침의 첫 번째가 제행무상諸行無常이다. 무릇 모든 생명체와 존재하는 모든 것들은 어떤 형태와 내용을 갖추고 있든 '변하지 않는 것은 없다'라는 진리를 말하고 있다. 세상의 모든 것은 예외 없이 끝없이 변하게 되어 있다. 제행무상의 원리야말로 생명을 있게 하는 제일의 근원이고 긴요한 조건이다.

기류의 변화에 의해 바람이 일고 그것으로 인해 구름이 생겨 비를 내리게 하고, 그 비로 인하여 초목 중생이 생겨나고, 그것을 먹고 살아가는 것이 수많은 동물과 인간들의 생활상이다. 그 최초의 핵심이자 원초적 에너지는 '서로 다름'에서 출발된다. 우리는 지금 수많은 다양성에 대해서 지나치게 획일화하려는 시도를 멈추지 않고 있다. 서로 다른 피부와 언어, 서로 다른 인종과 삶의 방식 등 그 모든 것을 생명본연의 모습으로 인식하고 그냥 그대로 선입견 없이 바라보아야 한다. 자신의 생각과 의식을 닮았으면 하는 이기적인 발상, 모든 것을 하나로 만들어야 한다는 고집스런 사상이 세계의 평화를 무너뜨리고 시비를 낳게 하고 있는 것이다.

오랫동안 캄캄하고 갑갑하던 땅속에서 고통을 감내하지 않고서는 결코 비상할 수 없는 그들이 부드러운 날개를 달고 훨훨 날아다닐 수 있을 즈음 고작 보름이나 한 달 만에 그들의 운명이 끝난다 하니 조금은 서운하고 조

 삼법인三法印

부처님 가르침의 핵심을 요약한 세 가지 진리.
삼법인에는 일체개고一切皆苦, 제행무상諸行無常, 제법무아諸法無我가 있다. 일체의 생명체는 괴로운 존재로 되어 있으며, 그것들은 항상 그대로 있지 않으며, 또한 그것들에게는 나 또는 내 것이라고 할 만한 고정된 실체가 없다는 가르침이다. 고대 인도에서는 삼법인을 각각 Dukkha, Anicca, Anatta라고 불렀고, 이것을 중국에서는 각각 괴로움苦, 무상無常, 무아無我라고 번역하였다.
부처님께서는 우리 중생들에게 세상에 존재하고 있는 것은 시간과 함께 항상 흘러가고 변화하고 있어 고정되어 있는 실체가 없는데도, 항상 그대로 있기를 바라고, 또 무엇 하나 고정적인 실체가 없음에도 그것을 실체라고 집착하려 하는 데에 괴로움의 원인이 있다고 평생 동안 가르쳐 오셨다.

묵언

금은 안타깝다. 하지만 그것 역시 무상無常이라는 준엄한 진리를 벗어날 수 없는 것인지라 거역할 수 있는 일이 아니다. 그래서 그들이 부르는 울음은 생명의 노래요, 짝짓기의 신호이다. 그러나 뭇 산새들은 그들의 노랫소리를 찾아 귀를 기울이다가 잽싸게 달려든다. 매미들 역시 그런 포획자들의 의도를 잘 알고 있는 터라 한 곡조가 끝나면 오줌을 싸면서 곧바로 다른 곳으로 이동해 버린다. 이렇게 모든 것은 자연의 법칙에 순응하면서 살아가고 있다.

6년의 묵언회향

침잠의 6년. 그 6년의 묵언이 끝났다. 바다 속 깊은 용궁까지 그 뿌리가 뻗어 있다는 쇠뜨기 풀처럼 '나'에게 있어서 '나'라고 하는 정체는 길고도 단단했다. 어찌 보면 '나'라고 하는 것은 내 생명이 있게 된 원초적인 힘이며 내 삶을 꾸려가는 근원적인 힘이었을 것이다. 그러나 텅 비어 있던 태초부터 이어져 내려온 질긴 유전인자와 함께하고 있는 동안 나는 '나'라고 하는 헛된 업력에 의해 수많은 '나'로 바뀌어갔다. 말없음의 6년이란 기간 동안 가졌던 '나'와 '나'의 첫 대면에서 얼마나 '헛된 자기'를 털어낸 것이며, '참 자기'는 어느 정도 드러낸 것일까?

우리는 때때로 모든 것을 비우고 싶기도 하고, 때때로는 모든 것을 채우고 싶기도 한, 두 가닥의 그네를 타고 즐기고 있다. 그리고 때로는 감각의 나

주광(사진의 가운데 스님)이 벌떡 일어나서 죽비를 감추어버렸다. 나는 "아이고, 아이고, 아이고!" 세 번 통곡했다. 도웅(사진의 오른쪽 스님)은 그저 묵언함으로서 6년 묵언을 회향하였다. 주광은 2001년에 선산 영명사에서 입적에 들었다.

락으로 한껏 침몰해 보고픈 유혹을 버릴 수 없으며, 또 한편으로는 세상의 온갖 성자들의 모습을 닮고 싶어 하면서 살아간다. 이러한 이중적 마음구조는 오랜 세월을 습관적으로 살아온 인간의 업력 그 자체 때문에 오는 것이다. 그 중에서도 '나'라는 의식구조가 가장 단단하게 '나'라는 것을 떠받치고 있다. 부처님은 '나'라고 하는 정체를 찾기 위해 6년의 명상고행을 하셨다. 그리고 이 세상에는 '나'라고 부를만한 것이 실재하지 않는다는 것을 분명하게 깨달으셨다. 그것이 '제법무아諸法無我'의 가르침이다. 나는 말하지 않는 수행을 통해 그것을 어렴풋이나마 알게 된 것이다.

'나'라고 하는 것은 늘 두 개의 모습으로 나타난다. 하나는 신체를 가진 '나'이고 또 하나는 관념 속에서 존재하는 '나'이다. 그런데 그 둘 다 비교하지 않으면 맥을 못 추는 존재들이다. 하지만 비교하는 삶은 언제나 피곤하다. '비교'의 눈금이 지나치게 아래로 쳐지면 우울증과 절망이란 증세가 나타나고, 그 반대의 경우는 교만이라는 덫에 걸린다. 절망과 교만은 '헛 자기'가 만들어 놓은 허상의 눈금에 지나지 않는다. 모든 것은 흐르는 물처럼 언제나 변화하고 있음으로, 고정된 가치도 없고 고정된 가치가 없으므로 고정된 평가란 있을 수 없다. 분별의 허황한 먹구름을 걷어내면 그 자리에는 맑은 하늘이 빛나고 있는 것처럼 '나'라고 여기고 있는 모든 '헛된 자기'를 벗어 버릴 수 있다면 그 자리에는 '참 자기'만이 맑은 하늘처럼 빛나게 될 것이다. 그리고 자비와 연민으로 가득한 아름다운 삶의 동산이 펼쳐지게 되며 그곳에는 언제나 싱그러운 생명의 향기가 모락모락 솟아날 것이다.

6년 묵언을 마치는 날 불국사 조실 월산스님의 법문이 있었다.

죽비를 들어 보이며,

"이것을 죽비라고 하면 이치에 어긋나고, 죽비가 아니라고 하면 사실에 어긋나니 무엇이라고 말할 것인가?"

이에 주광스님이 벌떡 일어나서 죽비를 감추어버렸다. 나는 "아이고, 아이고, 아이고!" 하고 세 번의 통곡을 하는 것으로 6년 묵언을 마감했고, 도웅스님은 그저 묵언함으로서 회향하는 모습을 보였다. 그때의 세 사람 중 주광스님은 지난 2001년에 선산 영명사에서 입적에 들었다.

어머니, 어머니, 우리 어머니!
철없어 근심, 걱정만 키우게 한 못난 아들.
이제야 정말 정말 죄송합니다

어머니, 어머니

내가 이 세상에 존재할 수 있게 한 부모님과 함께한 자리이다. 내가 태어난 이후 행복했든지 그렇지 않든지 행, 불행의 무게 중심과 상관없이 낳아서 나를 길러준 그분들의 은덕은 크고도 넓은 것만은 틀림없다. 특히 첫돌이 지나서 천연두를 앓게 되어 덕지덕지 얼굴에 흉터를 남긴 맏아들을 두게 된 어머니의 쓰린 가슴의 농도가 어느 정도로 진한 것이 있는지는 내가 점점 자라면서 자연스럽게 알아차릴 수가 있었다. 친정에 온 고모들이나 주변의 사람들이 가끔씩 내 얼굴을 쳐다보면서 "아까운 애 얼굴 망쳤다"고 말할 때마다 "내가 잘못해서 그렇게 됐다"면서 얼굴을 떨구고 우시던 우리 어머니이다.

그때 어머니 나이 열여덟. 할머니가 계셨지만 갑자기 들이닥친 마마천연두, 그때는 모두 그렇게 불렀다. 큰손님을 제대로 영접하지 못한 듯했다. 그 병이 생기면 집안 식구들이 언행도 조심하고 험한 일도 삼가야 된다는 데 그 부분에 소홀하면 발진이 더 심해지는 이상한 병이라고 했다. 그래서 옛 사람들은 수두나 홍역 등은 작은 손님에, 천연두는 큰손님이라고 해서 새벽 장독대에 개다리소반에 정안수를 떠 놓고 그저 두 손을 합하여 하염없이 빌기만 하였다고 한다. 전신에 붉은 발진이 일어 가려워서 긁는 모습을 본 어머니가 두 소매 끈을 묶었더니 이번엔 묶인 채로 마구 얼굴을 문질러 버려서 도리어 흉터가 더 크게 나고 말았다는 것이다. 그렇게 애간장을 타게 한 맏아들을 고생 고생해서 학교에 보냈더니, 마치고 나자마자 절간으로 들어가서 조석으로 목탁만 치고 살고 있으니, 그렇게 된 저간의 속내를 그저 가슴으로만 감당하고 있었을 어머니의 쓰린 마음이 오죽이나 했을까?

그러다가 내가 통도사 서운암에 살 때인 81년도에 이웃 친척과 함께 그곳을 방문, 2~3일 묵은 적이 있었다. 그때 남긴 단 한 장의 사진이 바로 이것이고, 가장 가까이서 생생하게 마주 대하면서 천륜과의 교감을 나눌 수 있는 유일한 가교가 바로 이 한 장의 사진이 되고 말았다. 하긴 모든 인생이 그렇게 왔다가 그렇게 떠나는 것인데 사진 한 장을 쳐다본들 무슨 소용이 있겠는가? 다만 한 순간만이라도 이 한 장의 사진으로 부모님의 큰 음덕을 회고할 수 있어서 고마워할 뿐이다.

통도사 서운암에서 살 때 남긴 단 한 장의 사진. 어머니와 만날 수 있는 유일한 사진이 되었다.

그 이후 멀리 호주로 떠나서 살게 되었는데 생일날 아침이면 유일하게 전화를 주는 분도 어머니였다. "오늘 아침 미역국이라도 끓여 먹었느냐"며 "내 곁에 있으면 맛있는 음식을 많이 해주련만…" 하시는 것이었다. 그렇게 지내길 몇 년 되던 어느 더운 여름날에 어머니께서 별세했다는 연락이 왔다. 부랴부랴 수속을 밟아 속가에 도착하니 어머니는 병풍 뒤에 조용히 몸을 숨기고 계셨다. 전화통 벽 곁에 크게 써서 붙여둔 내 전화번호와 서울 동생 주소, 그리고 안동댁시 연락처를 붙여둔 채 아버지를 앞세운 3년 뒤에 그렇게 혼자서 이승의 생을 마감하신 것이다. 그리고 전화기 옆에 어머니가 직접 쓰신 쪽지가 하나 있었는데 그곳엔 이렇게 쓰여 있었다.

"천년자리 만년자리 내 위치에 맞는 자리,
황금으로 쳐진 자리, 팔 보살이 돌본 자리,
내 일신 갈 적에는 좋은 날 좋은 시에
자는 잠에 인도하소."

그것을 평소에 노래하듯 외우고 다니신 탓인지 전날 밤 마을회관에서 12시가 넘도록 놀다 오셨다고 했다. 발원대로 자는 잠에 저승으로 떠나신 우리 어머니. 이따금씩 꿈속에서 말 없이 만나 뵙기도 한다. 이 땅에 어머니란 이름을 가진 무수한 여인들이 있다. 그 여인들은 세상이 바뀌었어도 고려장을 하러 가는 아들의 등에 업혀 산으로 가고 있으면서도 행여 아들이 돌아갈 때 길을 잃을까 봐 솔잎을 따서 뿌리고 가는 그런 어머님의 마음과 똑같이 자식 사랑으로 이 세상을 살고 있을 것이다.

어머니, 어머니, 우리 어머니!
철없어 근심, 걱정만 키우게 한 못난 아들. 이제야 정말 정말 죄송합니다.

하늘로 막힌 구마동 계곡에서
기후스님과 만나다.

대담 오시환(서암)

스님은 암에 걸린 후에 이렇게 탄식했다.
"아차, 내가 무엇을 잘못했나?"

스님은 천연두를 천형天刑처럼 가슴에 담고 정진했고
늘그막에 걸린 암에는 참회를 담아 수행했다.
그랬더니 천연두도, 암도 오고 간 데가 없어졌다.

스님이 계신 구마동 계곡은
20km나 외줄로 나 있는 깊은 산중이다.
장대비가 하루만 내려도 그 순간부터 길이 끊기고,
깊은 눈이 오면 녹지 않아 3개월씩이나 소식이 단절된다.
그 흔한 손전화도 통하지 않는 깊은 산중,
그곳에서 기후스님과 만났다.

보통 세상 사람들은 살다가 보면 참으로 어려운 일을 많이 겪습니다. 스님께서도 어릴 때부터 얻은 천연두 때문에 마음고생을 많이 하셨습니다. 스님께서는 천연두가 인생에 어떤 영향을 주었습니까?

나는 천연두가 출가의 계기도 되고 선공부에 많은 영향을 미치기도 했습니다. 나는 얼굴에 그런 허물이 있기 때문에 그 허물을 승화하기 위해 진실되고 성실하게 살아야겠다고 생각을 하게 되었습니다. 그 이외에는 대안이 없다, 이렇게 생각하면서 하심下心을 하면서 솔선수범하려는 노력을 많이 했습니다. 처음에는 부담으로 작용했던 것이 나중에는 승화되는데 천연두라는 것은 많은 도움이 되었습니다.

스님께서는 출가하셔서 오랜 선방 생활과 강사 생활을 해오셨습니다. 그 사이에 6년동안 묵언정진도 하셨습니다. 6년동안 말하지 않는다는 것이 무척 힘이 드셨을 텐데 그 동기와 첫 안거부터 묵언까지는 얼마나 걸리셨습니까?

71년에 강원을 졸업을 하고 그 해에 통도사 강원에서 강사를 했어요. 그러다가 73년도에 강사를 그만두고 용화선원에 첫 방부를 들였습니다. 나는 그동안 경전을 깊이 있게 공부를 하게 되면 내 콤플렉스라든지 내 자아에 대한 확립이 어느 정도 있을 것이라고 생각했는데 도무지 그렇지 못했습니다. 문자로서는 한계가 있다는 걸 알았지요. 그래서 참선을 해야겠다고 작정하고 소임을 그만두고 새벽에 도망치듯 나왔습니다. 그 당시 북방에는 전강스님이 도인이라고 소문이 나서 용화선원에 찾아갔습니다. 선원에 가서 첫 철을 공부하다 보니 공부가 잘 되었습니다. 그 후 봉암사, 수도암, 도성암 선방으로 돌아다니다가 해인사 강원에서 강사로 초빙되었습니다. 그곳에서 일 년 동안 강사를 하고 다시 83년도에 기림사 북암에서 6년 묵언 결사를 하게 되었습니다. 오랜 세월동안 공부를 하면서 나의 내면에 내가 던져놓은 돌을 내가 꺼낼 때가 되었다는 것을 알게 되었습니다. 출가를 결심한 후 16년째 되는 해였습니다. 그리고 89년에 묵언을 마치고 지금 살고 있는 구마동 입구에 들어왔습니다. 그것이 선방 생활의 마지막이었어요. 그리고는 호주로 들어가게 되었습니다.

스님께서는 선방 수좌출신으로 화두를 들고 지금도 수행하고 계십니다. 그런데 일반사람들에게는 화두공부는 어렵다고 정평이 나 있습니다. 정말 일반사람들이 하기에는 어려운 공부가 화두공부입니까?

요즈음 화두 참선하는 사람이 화두공부는 근기가 아주 수승한 사람이 하는 방법이라고 자찬을 하는데 사실은 그렇지 않습니다. 화두가 나온 중국의 북송, 남송 시절에는 전쟁이 많아서 사회가 무척 혼란했습니다. 뭔가에 매달리지 않고는 본래의 마음을 밝힐 수 있는 환경이 되지 않았습니다. 공부에 집중할 수 있는 분위기가 잡히지 않았던 거지요. 그래서 화두라고 하는 매어달리는 공부를 하게 되었다고 보지요. 매달리는 공부는 쉬운 공부입니다. 하지만 매달리지 않고 평정을 찾기는 쉽지 않습니다. 그래서 사실은 화두공부는 근기가 수승한 사람이 하는 공부가 아니고 열등하기 때문에 매어달리는 화두공부를 하게 되었다고 생각합니다.

그런데 그 당시, 아주 천재적이고 괴팍스러운 종교인이 나와서 화두공부를 통해 큰 도를 얻었습니다. 그렇지만 화두공부로 빛을 발하는 사람은 극소수에 불과했습니다. 말하자면 화두공부는 보통 사람이 하는 것이 아니라 특별한 사람이 공부하는 방법입니다. 우리나라만 해도 몇몇 기인이 나와서 한바탕 소동을 벌이면서 '똥막대기가 부처다' 했지요. 이것은 상식을 뛰어넘는 것입니다. 이러한 기인들이 나와서 깊은 세계에 들어가서 한바탕 장난을 친 것이기 때문에 일반 사람들이 따라 하기에는 어렵습니다. 그게 사실입니다.

| 그렇다면 출가자가 아닌 보통 사람이 화두공부를 하려면 어떻게 해야 하나요?

화두공부란 결국 '나는 누구인가?'라고 하는 명제를 던짐으로서 창의적으로 인생을 살아갈 수 있는 방법을 주는 공부입니다.

여기에 현대인들이 화두공부를 할 만한 이유가 들어있습니다. 뭔가 창조적으로 이 세상을 살아가고자 하는 사람, 사업을

하던 사람이 사업에 실패했을 때 왜 실패했는가? 그 원인을 규명하고 앞으로 미래지향적으로 살아가려면 좀 더 생각을 깊이 해서 문제를 제기함으로써 문제의 해답을 찾을 수 있는 매우 실천적이면서도 생활에 도움이 되는 현실성을 찾는 것이 일반인들이 할 수 있는 화두법입니다. 사업과 인생을 함께 성공할 수 있는 명제를 던져주는 것이 현대인의 화두공부법이지요.

그런데 우리 불교에서는 깨달음에 목적을 두었어요. 깨달으면 사회생활과 어떤 연관이 있는지 그것은 제시하지 않습니다. 현대인들이 깨달음을 우위에 두면서 살아가려면 어떤 혜택이 온다는 것을 말해줘야 하지 않아요? 그런데 그것이 없습니다. '깨달음'을 목적으로 출가한 스님들하고는 달라야 합니다. 요즘 화두를 세계화한다고 해요. 이것은 정말 구호에 지나지 않습니다. 수행한 스님들도 스스로 공부한 것을 생활에 접목시키지 못 하

고 있는데 이것을 어떻게 세계화 한다는 말입니까? 사회인이 화두를 할 때에는 자기의 사업이나 인생에 창의적이고 발전적으로 운용할 수 있는 그 어떤 방법을 개발해야 합니다. 화두공부법의 가장 중요한 것은 원인을 규명하는 일입니다. 화두법을 바탕으로 해서 실천적이고 현실적 방향으로 전환해야 합니다. 그래야 화두도 살고 일반인도 정신적으로 윤택하게 살 수 있다고 봅니다. 깨달음만 목표로 잡고 가서는 안 됩니다. 그것으로 가는 과정을 은밀하게 살피는 것이 아주 중요해요. 어떤 사람은 화두 하다가 교통사고가 날 뻔했다고 합디다. 그렇게 되면 화두의 본질도 죽이고 사람도 크게 다칠 수 있습니다. 그렇게 해서는 안 되지요.

그렇다면 일반인들은 불교에서의 깨달음을 어떻게 이해하고 추구해야 하겠습니까?

생명이나 존재의 본성이 하나로 귀결된다는 사실을 자기가 확증할 수 있는 자각을 깨달음의 실체라고 봅니다. 그것을 묘체라고도 하는데 묘체라고 하는 것은 모르기 때문에 묘체이지 사실은 알고 보면 여기저기에 널려 있는 보편적인 것들입니다. 깨닫기 전에는 모두 이원적으로 보고 나와 남을 갈라놓고 마는데, 일념으로 깊이 있게 들어가서 공부를 하다보면 '아! 모든 생명의 본성이 하나에서 비롯된 차별된 모습들이구나' 하는 것을 알게 됩니다. 이러한 사실을 확실하게 인지하고 언제 어떤 상황에서도 그 사실에 여여부동하는 각성의 확립을 확철대오라고 보고 있습니다.

그러한 사실들을 일반인들이 마음속에 두고 공부를 해 나가면 현실 생활하는 가운데서 일어나는 작은 일이나 어려운 상황에서도 조금도 휘둘리지 않게 됩니다. 그것이 현대인의 화두공부입니다. 그러다가 일념됨의 가치와 깊은 사유의 효능을 어느 정도 눈치 채게 되면 인연과 근기에 따라 본질적 깨달음의 세계에 뛰어들면 되지요.

이렇게 마음공부를 하는 데는 주변의 분위기도 많이 작용합니까?

그럼요. 첫째는 공부하는 사람의 자질이 중요합니다. 어느 정도의 신념이 구축되어 있느냐 하는 것입니다. 그래서 사람들마다 제각기의 전생 영향도 많이 작용합니다. 그러니까 공부하고자 하는 사람들이 많이 모이면 공부도 훨씬 잘 됩니다. 아주 큰 대인이라면 시정의 시장이나 화장터에서도 공부가 되겠지만 일반 사람들은 주변의 분위기가 많이 작용한다고 봐야 합니다. 그러니까 주변을 항상 공부할 수 있는 분위기로 만들어야 합니다.

스님께서는 45년간의 출가생활을 하고 있습니다. 그런데 가끔 외롭고 고독한 것이 시나 수필에서 언뜻언뜻 보여지고 있습니다. 외로움과 고독이라는 것의 해결이 근본적으로 어려운 것은 아닙니까?

　선을 공부하면 감정이 순화가 됩니다. 그러나 생명이나 존재를 하나로 보는 통찰력을 보는 눈은 깊어지지만 결국 인간입니다. 감정의 교류 없이 존재하기는 어렵지요. 지난 겨울 3개월동안 이곳 도리천에 눈이 많이 와서 완전히 눈에 갇혔던 적이 있습니다. 그러면 아무도 이곳에 올 수 없습니다. 확철하게 공부했다면 주변의 영향과 전혀 상관이 없어야 하지만 내가 공부가 약해서 그렇지 못합니다. 여름이나 가을밤에 기분이 좋을 때는 달빛이 아주 좋고 그럴 때는 이 광경을 공유할 수 있는 대상이 더 있으면 좋지 않겠나? 하는 생각이 듭니다. 오욕락의 경우와는 많이 다른 이렇게 좋은 광경을 여럿이 나누면 좋겠다하는 생각이 드는 것입니다. 원효대사처럼 완전히 깨쳐서 순수 100% 인간으로 되돌아오면 아무렇지도 않겠지만 나처럼 공부가 어중간한 사람은 가끔은 허전해 하기도 하고, 오랜 기간 사람들의 발걸음이 없으면 바람소리나 물소리가 차소리처럼 들릴 때가 더러 있습니다.

　외로움과 그리움의 실체, 이것은 인간 본성의 깊은 뿌리일까요?

인간으로 태어나기 전을 생각해 보면 부모의 결합할 때를 떠올리게 됩니다. 부모님은 믿음과 사랑으로 함께 만나 화합하는 과정을 갖게 됩니다. 그렇지만 아무리 서로의 신뢰가 구축되었다고 하지만 부부가 동침할 때는 이기적 욕구가 내재되어 있다고 봅니다. 단순히 몸은 둘이 하나가 되었지만 나름대로 자기중심적인 욕심이 들어가 있어요. 그래서 인간의 마음이라는 것은 화합의 세력과 동시에 갈등요소도 있어서 참과 거짓이 하나가 되어 있지요. 어느 정도 공부했다 하더라도 내면에 미세한 갈등이 존재하고 인간의 근원적인 외로움과 그리움도 미세한 존재로 남아 있습니다. 그것이 생명됨의 뿌리입니다. 그 뿌리조차도 제거해서 어디에도 매이지 않을 수 있는 대자유를 누리게 되는 것이 참선의 지상과제라고 생각합니다.

지금 살고 계신 구마동 계곡은 아주 깊은 산골짜기입니다. 그곳에서 아무도 없이 혼자 살고 계십니다. 이렇게 스님께서는 선방에서 나와 점점 자연속으로 들어가는 곳을 택하셨는데 그렇게 하시는 데는 특별한 이유가 있으십니까?

1980년경 통도사 서운암에서 주지를 5년간 했습니다. 그때 주지라는 것을 해보니 건물도 지어야 하고 돈도 모아야 하더라구요. 어떤 스님들은 그것을 즐기면서 하기도 하는데 내 경우는 그런 것하고는 잘 어울리지 않았습니다. 나도 호주에 가서 절을 지어 운영을 하다보니 내 자신이 들여다보였습니다. 자신의 과시욕이 밑바닥에 쫙 깔려 있더군요. 자기과시라는 것은 윤회의 근본인 무지의 세력이 발동하는 것입니다. 그래서 늘 벗어나고 싶어했습니다.

　자연 속에서 함께 있다는 것은 마음의 근본과 보다 가깝게 다가설 수 있다고 생각하기 때문에 앞으로도 계속 자연속에서 홀로 살고 싶어요. 그러나 이제 여러 인연들의 요청으로 다시 시드니로 가야 합니다. 그동안 암 때문에 귀국해서 벌써 7년이 지났습니다. 축서사에서 2년을 지내고 이곳 도리천에서 5년을 지낸 덕분에 약간의 내공이 생겼다고 생각해 시드니로 다시 가는데 어떠할지 모르지요. 수행의 완성은 사회 속에 있으면서도 사회에 물들지 않고 그동안 닦은 수행의 공덕을 대중에게 쏟아낼 수 있어야 하는 것이지만 저금한 돈을 조금씩 다 빼서 쓰듯이 처음에 가서 3년은 괜찮았는데 그 이후에는 내 감정에 휘둘리기 시작했어요. 공부가 약하면 그렇게 됩니다. 무명을 제거한 힘이 부실하면 그 세력에 휘둘리게 마련입니다. 이제는 조금 나아졌으려나 합니다만 어떠할지 모르겠습니다. 다만 지은 인연에 순응하면서 살려고 합니다.

　스님께서는 위암에 걸리셔서 귀국을 해서 수술을 받으셨습니다. 수술만 하시고 그 다음에는 치료도 받지 않고 그냥 자연속에서 살으셨습

니다. 수술 후 별다른 치료도 하지 않았는데 지금은 암도 극복하신 것으로 알고 있습니다. 일반 사람들도 암에 걸리면 정신적인 충격이 몹시 큰데 스님께서는 어떠셨습니까?

처음에는 조금 충격을 받았지요. 내가 평소에 도반들에게 말하기를 수행을 잘 하면 고약하고 못된 병에는 안 걸린다고 장담을 하곤 했었어요. 그런데 시드니에서 내가 암에 걸린 거예요. '아차, 내가 무엇을 얼마나 잘못했을까?' 하고 생각해보니까 내가 호주에 가서 뭘 하겠다고 나부댄 과시욕 때문이었습니다. 처음부터 산중에 있었다면 문제가 없었을 수도 있겠지요.

내 얼굴이 이렇게 된 것도 여자들과 가까이 하지 말고 조용하게 잘 지내라고 하는 전생의 메시지인데도 조금 살 만하고 또 조금 수행의 힘이 생겼다고 자만하고 나부댄거지요. 힘이 생겼을 때는 늘 조심해야 합니다. 돈도 그렇고 명예도 그렇습니다. 그러나 그것을 자제하는 것이 생각처럼 쉽지 않지요. 나도 그 세력에 속았습니다. 처음에는 충격을 받았지만 그 원인을 규명해 들어가서 따져 들어가다 보니까 지금은 천연두에 걸린 것, 그리고 늘그막에 암에 까지 걸린 것을 아주 고맙게 생각하고 있습니다. 만약 암이 생기지 않았다면 시드니에 남아서 이제껏 시시비비에 놀아났겠지요. 그렇다면 암이 생긴 이후 7년간의 수행을 통한 지금의 안목이 생기지 않았을 겁니다.

부처님의 근본적 가르침은 고집멸도苦集滅道 사성제의 가르침입니다. 괴로움苦이 성스럽다는 겁니다. 어째서 고통을 성스럽다고 했을까? 그것을 생각하게 되었습니다. 그것은 괴로움 속에는 즐거움이 될 수 있는 요소가 잠재되어 있기 때문입니다. 기신론에서도 고통이라고 하는 것은 참을 의지해서 일어나고 참이라고 하는 것은 늘 고통과 함께한다고 했습니다. 그 중에서 하나를 없애고 하나를 드러내면 그 어떤 상황에 있던지 그것들의 속성을 잘 간파하게 되면 언제나 전화위복의 계기가 된다는 것을 깊이 있게 깨달아야 합니다.

> 인생 전반부는 천연두, 인생 후반부는 암 때문에 스님께서는 확실하게 삶의 공부를 하게 된 셈입니다. 그것이 선 공부하고도 밀접하게 연결되어 있습니다. 일반인들도 자신의 괴로움을 통해 삶을 제대로 공부할 수 있는 기회를 얻으려면 어떻게 하면 되겠습니까?

내가 살아온 길들을 되짚어보면 내가 살아가야 할 방향, 나아가서 인간은 어떻게 살아야 하는가 하는 삶에 대한 여러 가지 답안들을 그것들이 제시해 주었다고 보지요. 사람은 살아가면서 그때 그때 풀기 어려운 매듭들이 생기게 마련입니다. 그때마다 힘들고 괴로운 상황들을 매몰차게 몰아부치지 말고 그 속내를 자세히 살펴보면 그 과정속에 삶에 도움이 되는 메시지들이 많이 들어있다는 것을 알게 됩니다. 그래서 언제든지 그 과정과 결과에 대해 고맙게 생각해야 합니다. 그것이 즐거움이든지 괴로움이든지 놓치지 말아야 하지요. 부처님은 처음도 좋아야 되고 과정도 좋아야 하고 결과도 좋아야 한다고 하셨습니다. 그것이 수행자들이 살아가는 삶의 올바른 자세입니다. 그런데 우리는 목적만을 향해서 수단과 방법을 가리지 않습니다. 그것이 지금의 사회현상입니다. 우리 불자들은 일상에서 일어나는 어느 것 하나도 그냥 지나치지 말고 유심히 바라보면서 내가 지향하고 있는 목적이 그 괴로움 속에 숨어 있는 것을 알아차려야 합니다.

세상살이에는 괴로움도 있지만 그 속에서는 반드시 즐거움도 함께 있습니다. 선정이 바탕이 되어야 지혜라고 하는 생활의 철학이 나옵니다. 고요하게 살피는 선정력과 사유가 없으면 절대로 옳은 지혜가 나오지 않습니다. 나온다고 하더라도 마른 지혜입니다. 그러한 것들은 순간적으로 스쳐 지나갈 뿐입니다. 참 지혜는 늘 촉촉해야 합니다.

지금 암 상태는 어떠하십니까?

어떤지 몰라요. 수술하고 항암치료도 안 받고, 그냥 지내고 있어요. 지난번에 대상포진이 있어서 병원 간 김에 검사를 해봤더니 위는 괜찮아졌다 합니다. 처음에 암이라는 진단을 받고 귀국해서 항암치료를 받으려다가 그만두었어요. 병원에서 퇴원하고 나와서 그곳에서 지어준 약을 일주일을 먹었더니 금방 발에 물집이 잡히고 흐물거렸어요. '아, 이 약이 이렇게 무섭구나!' 했습니다. 그래서 내가 이렇게 독한 약을 계속 먹어야 하나 말아야 하나 생각하다가 그냥 그만 두었습니다. 치료를 받으면 70% 회생하고, 약을 안 먹으면 30%밖에 회생 가능성이 없다고 합니다. 어떤 것을 택하겠느냐 했는데 나는 30%의 회생을 택했어요. 그것으로 병원과는 끝이었습니다. 그리고 지금까지 이렇게 지내고 있어요. 자연치료가 된 셈이지요. 처음에는 빨리 가자, 내가 이 세상과 인연이 다 되었는데 남한테 짐이 되고 그러면 안 되겠다. 용도가 폐기된 몸인데 몸에 대한 미련을 버리자 이렇게 생각했어요. 또 내가 스님이 되어 가지고 선방에서 공부해 보고, 강원에서 강사도 역임했고, 해외에서 포교도 해보고, 주지도 해보았으니 승려의 처지에서 미련이 별로 없었지요. 정말 스님이 되어서 하고 싶은 대로 다 해봤어요. 만약 월하 스님 아래에 있었으면 여러 형태의 얽매임에 시달렸을 겁니다. 그런데 그 세력권에서 벗어났기 때문에 자유로운 승려생활이었습니다. 미련을 버리니 암도 나았다고 봐야 할까요?

사람들은 큰스님들을 만나 뵙고 가르침을 얻고 싶어하면서도 정작 만나서는 어떤 거리감을 갖고 어려워하는 것이 보통입니다. 그런데 스님께서는 선사의 면모를 갖추고 있으면서도 그러한 거리감이 없습니다. 사람들이 스님과는 매우 친숙하게 지내고 싶어하는 까닭은 무엇일까요?

공부의 공덕이 높은 조실 스님들은 고급 영靈들입니다. 맑고 고운 영이므로 낮은 업業 속에 사는 일반 사람들은 접근하기에는 은근히 겁이 납니다. 그런데 나는 업이 서민적이고, 내 스스로 표현하면 미천한 업이기 때문에 일반 사람들의 업에 따라서 편하게 느끼게 되는 것이라 생각합니다. 보통 큰스님 앞에서는 숨도 못 쉬고 조심스러워 하지요. 하지만 그것을 두려워해서는 안됩니다. 그 순간이 바로 자신들의 근원적이고 고차원적인 정신을 갈무리할 수 있는 아주 중요한 순간입니다. 축서사에 있을 때 큰스님한테 갔더니 긴장이 되어 숨도 못 쉬겠더니 북암에 오니 괜찮다 그러는 분도 있더라구요. 그래서 소소하고 보편적인 질문은 큰스님께 못 하고 아주 중요한 것만 질문하게 된다고 하더군요. 조실스님 앞에서 조심스러운 것은 정신세계에서 마음이 닦일 수 있는 아주 중요한 순간이라는 것을 잊지 말아야 합니다. 전부가 업력의 수준에서 놀기 때문에 그런 현상이 일어나는 겁니다. 훌륭한 선사는 미천한 사람을 끌어올리는 스승이고 나 같은 사람은 서민들과 더불어 가는 사람입니다. 업력의 차이일 뿐 사람과는 아무 관계가 없습니다.

> 어릴 때부터 모정에 대해 애틋한 감정을 많이 가지고 계신 것 같습니다. 할머니 손에 커서 그런지 그것이 많이 보였습니다. 모정에 대한 그리움이 특별히 많습니까?

내가 첫 돌 무렵에 천연두를 앓게 되었는데 심하게 된 것이 어머니가 무지해서 그렇다는 말을 많이 듣고 자랐습니다. 돌 무렵에는 거의 다 죽게 생겼는가 봐요. 저 윗목에 나를 놓아두고 죽으면 버리려고 죽었나 살았나 들여다보고 그랬다고 해요. 코도 막혀서 나중에 절에 와서 수술을 하고 그랬어요. 나도 내 얼굴을 보면서 아이들 때는 어머니를 많이 원망하기도 했었습니다. 고모들이 와서 나를 보고 "얼굴 좋은 아아, 버렸다" 하고 질책하면 어머니는 고개를 숙이고 들지를 못했어요. 내가 사춘기시절 여성이 그리우면서도 학교에 가는 길에 여학생이 마주 오면 부끄러워서 저리 돌아서 가고 했습니다. 그래서 학교 가는 길이 두세 배나 걸렸어요. 그래서 늘 어머니가 얼마나 안타까웠을까? 하는 마음이 많이 듭니다. 그래서 어머니를 많이 위로를 해주고 싶은 것이지요.

끝으로 스님께서 그동안 공부했던 스승님에 대해 간략하게 말씀해 주십시오.

제가 처음 절에 들어가 가르침을 받게 된 스님은 범어사 금강암의 박정호 스님이었습니다. 그 당시 그 분은 대처승이셨지만 사람들 사이에서 매우 존경받는 분이셨죠. 금정국민학교 교장선생님을 지내셨고, 일본에서 대학을 나온 아주 훌륭한 인품을 갖춘 분이셨습니다. 내가 승려가 되라고 옷까지 다 준비해 놓으셨는데 그 분이 대처승이란 이유로 도망을 온 셈이었습니다.

그리고 통도사로 와서 행자생활을 했는데 처음에는 월하스님의 시봉으로 들어가려 했지만 그 분이 받아 주질 않아서 보광전에 계신 스님 가운데 한 분을 은사스님으로 모시게 되었습니다. 그분이 바로 은해사 스님이셨던 이성공스님입니다.

또 통도사에서 운조스님께 글을 배웠습니다. 그 분은 초심부터 승가대학 졸업할 때까지 강원에서 글을 가르쳐준 스승님입니다. 운조스님은 누구에게나 참 자비했습니다. 또한 그분의 고향이 풍기고 제가 안동이다 보니 좀 더 살갑게 대해주시기도 했습니다.

운조스님은 월하스님의 상좌이셨고, 저도 월하스님께 건당을 했기 때문에 월하스님의 법제자이기도 하지만 워낙 월하스님의 직계상좌가 많아서 내가 그런 계보에 끼인다고 말하기는 좀 뭐합니다. 특히 법사스님을 월하스님이라고 한다면 그 스님의 가르침을 이어받아야 하는데 그렇기에는 제가 부족한 게 많지요. 월하스님이 스스로 만든 수첩에는 내가 월하스님의 법제자로 나오기는 합니다만 저는 법으로서 월하스님의 가르침을 받아야 하는데 흉내만 낸 것에 불과합니다.

강원을 졸업하고 첫 철을 전강스님이 계신 인천 용화선원에서 보냈는데 그곳에서 전강스님에게 판치생모板齒生毛라는 화두를 받았습니다. '판자때기 앞잇빨에서 털이 난다'는 뜻을 가진 화두인데 그것을 받고 정진을 했습니다. 그런데 도무지 의정이 일어나지 않았습니다. 그래서 조실스님 방에 가서 "도저히 의정이 일어나지 않으니 화두를 바꿔 주십시오" 하고 말했습니다. 판치생모라는 말뜻을 도저히 알 수가 없었습니다. 그러니 의정이 일어날 리가 없죠. 그러니까 조실스님이 무자 화두로 바로 바꾸어 주시더군요. 그때부터 지금까지 무자 화두를 들고 있습니다.

무자화두를 준 스승으로는 전강스님의 제자라고 할 수 있고, 계보상에는 월하스님의 상좌입니다.